W0376663

CUISINE SANTÉ

BONHEUR

115 RECETTES POUR DE DÉLICIEUX REPAS
ET UNE VIE MEILLEURE

« LA VRAIE CUISINE
EST UN ART, UN DON
QUI SE PARTAGE. »

–OPRAH WINFREY

CUISINE SANTÉ

BONHEUR

115 RECETTES POUR DE DÉLICIEUX REPAS
ET UNE VIE MEILLEURE

OPRAH WINFREY

AVEC LISA KOGAN

Michel LAFON

AN OPRAH BOOK

PRODUIT PAR

MELCHER MEDIA

Titre original : FOOD, HEALTH AND HAPPINESS, Copyright© 2017 par Oprah Winfrey
Tous droits réservés.
Première édition en langue originale publiée par Flatiron Books, en janvier 2017
www.flatironbooks.com

WEIGHT WATCHERS et les SmartPoints® sont des marques déposées de Weight Watchers International, Inc. et sont utilisés avec autorisation.

La page 231 est un prolongement de la page de copyright.

Produit par
Melcher Media
124 West 13th Street
New York, NY 10011
www.melcher.com

Collaboratrice : Lisa Kogan
Conception graphique de la couverture et mise en page : Trina Bentley de Make & Matter
Photographie de couverture : Ruven Afanador

Traduit de l'anglais (États-Unis) par Athénaïs Ropéro et Laurent Jouet

© Éditions Michel Lafon, 2017, pour la traduction française.
118, avenue Achille-Peretti – CS70024
92521 Neuilly-sur-Seine Cedex
www.michel-lafon.com

Adpatation en langue française de la composition et mise en page : Nord Compo

Imprimé au Québec
Dépôt légal : mars 2017
ISBN : 978-2-7499-3302-3
LAF 2399

Je chéris les mots. L'élaboration d'un livre est donc pour moi un acte de révérence.

Merci à toutes les personnes qui m'ont aidée à faire de ce livre un objet concret à regarder, et surtout à Lisa Kogan, auteure et humoriste en chef.

À Charles Melker, Aaron Kennedy et l'équipe Melcher pour vos conseils astucieux.

À Adam Glassman, Jenny Capitain, Ruven Afanador et Urania Greener pour nos merveilleux clichés pris à l'aube.

À Bob Greene et tous les chefs qui figurent page 225. Sans vous, ce livre n'aurait jamais vu le jour.

Et un cri d'amour tout particulier à Stedman Graham, qui – peu importe le plat que je prépare – me dit toujours : « Chérie, c'est la meilleure chose que j'aie jamais mangée. »

—OPRAH WINFREY

TABLE DES MATIÈRES

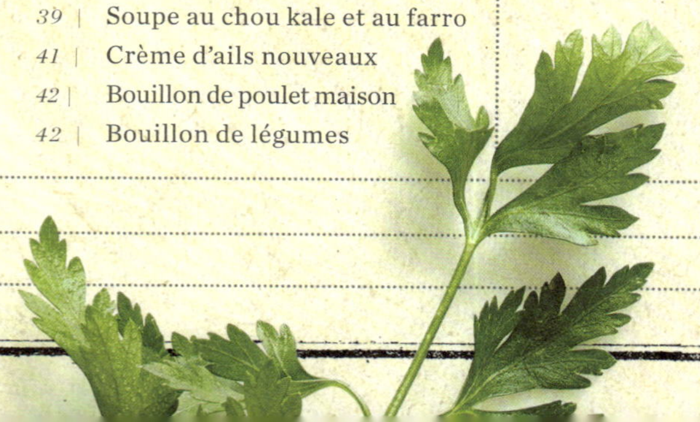

4

PAGE 112

UN MONDE DE POSSIBLES

5

PAGE 144

UNE SAINE GOURMANDISE

6

PAGE 180

LES LÉGUMES VERTS DANS TOUTE LEUR SPLENDEUR

HUNTER
HUNTER

INTRODUCTION

PLUS J'EN SAIS, MIEUX JE FAIS

Un jour, Maya Angelou, ma mère-sœur-amie, avec sa merveilleuse sagesse, a dit : « Plus on en sait, mieux on fait. » Eh bien, je pensais avoir fait le tour de ce qu'il y avait à savoir sur comment perdre du poids. Au fil des années, j'ai interviewé tous les experts, j'ai essayé tous les régimes. En 1988, pendant un très court instant, j'ai eu l'impression d'avoir trouvé le secret. Après un régime liquide de quatre mois (un euphémisme pour dire : jeûne), c'est à peine si je n'avais pas sauté sur le plateau de mon émission pour dévoiler mon tout nouveau corps, moulé dans une paire de jeans Calvin Klein. Pour le prouver, j'ai ramené un petit chariot rouge, rempli de vraie graisse, représentant mes kilos durement perdus en m'affamant.

Ensuite, j'ai déraillé. Comme cela devait arriver, j'ai recommencé à manger. Je me suis menti. Je n'ai pas respecté les promesses que je m'étais faites. J'ai été trop dure envers moi-même. Je me suis laissée tomber. Je me suis sentie comme une moins que rien. Et le pire dans tout ça, c'est que j'ai refait cent fois la même chose. J'ai touché le fond l'année où j'ai eu peur de remporter un Emmy ; je ne pouvais pas imaginer à quel point j'aurais l'air grosse face à toutes ces stars dans le public s'il fallait que je me dandine jusqu'à la scène. Peu importe si je portais une tenue haute couture sur-mesure. Dans mon esprit, je serais revêtue de gras.

Si Maya était face à moi en ce moment (et j'aime à penser que c'est le cas), je lui dirais : « OK, si une personne en sait long sur les régimes, c'est bien moi. Alors, comment expliquer ce combat interminable contre mon poids ? Comment se fait-il qu'avec cette expérience, je n'aie pas pu mieux faire ? » Elle me décocherait probablement un sourire et, avec sa voix autoritaire sans pareil, elle dirait : « Ma chérie, quand tu seras vraiment prête à le savoir, tu le sauras. » Et comme d'habitude, elle aurait raison.

On peut se dire qu'il faut manger moins et bouger plus, on peut réduire la dose de glucides (adieu lasagnes) et de collations salées (goodbye Mr. Chips), on peut contrôler les portions et commencer la journée avec un petit déjeuner équilibré. Pouvoir réciter les règles du parfait régime est une chose, mais être capable de maintenir une corpulence saine en est une autre.

Le fait est que pour la plupart d'entre nous, les régimes sont une solution temporaire. Ils durent aussi longtemps que notre volonté tient bon. Combien de temps peut-on retenir son souffle avant d'avoir besoin d'une bouffée d'air ? Je suis tombée dans tous les pièges, de « Le régime commence lundi matin à la première heure » à « Je vais prendre le cheese burger avec les frites – avec un soda sans sucre, s'il vous

Maya Angelou m'attendait toujours avec un plat maison, une évaluation honnête de chaque situation et une étreinte chaleureuse.

Gagner un Emmy en 1992 était un point culminant de ma carrière. Mon poids, lui aussi, culminait.

Moi, mon jean et ce chariot de graisse sommes devenus un moment emblématique de la télévision, mais je ne le referais pas !

L'endroit où je préfère me trouver : au calme sous un arbre. Tous les jours, je m'assieds pour honorer et remercier tout ce que la vie a à offrir.

plaît. » Oui, j'ai trouvé toutes les excuses. La plus récente : quand je me suis blessée à la cheville en randonnant avec des chaussures inadaptées. Après cela, je ne pouvais plus faire assez de sport pour brûler ne serait-ce qu'une calorie. Au lieu de manger plus raisonnablement, voilà ce que je me suis dit : « Il faudrait vraiment que tu retournes aux boissons protéinées. Saute le petit déjeuner. Saute le déjeuner. Évite l'alcool. Fini les glucides. Fais une détox. » Ce qui s'est transformé en : « Mais quand même, je suis en vacances ! J'ai une maison pleine d'invités. Pour le petit déjeuner, nous avons un buffet. Et ça commence avec des pancakes, des cronuts et du bacon. Mais c'est vrai, je dois faire de meilleurs choix. Je prendrai le bacon de dinde… et peut-être juste un bagel de jalapeño au cheddar et une portion d'œufs brouillés à la truffe. Et un peu de melon, parce que le melon c'est sain, et… » Essayez donc ça pendant une semaine avec très peu d'activité et il est facile de prendre 225 grammes par jour.

Au cours de l'été 2015, quand Weight Watchers® m'a appelée, j'en étais à ce stade : presque huit kilos de plus et un poids qui ne cessait de s'envoler vers l'obésité. Et oui, vous lisez bien – Weight Watchers® m'a vraiment appelée !

Pendant des années, j'ai prié chaque jour : « Seigneur, qu'est-ce que je dois faire maintenant ? J'ai tout essayé. Deux fois. » J'ai donc non seulement répondu à l'appel de Weight Watchers® – mais j'ai aussi décidé de le considérer comme une réponse à ma prière. L'appel est venu et j'étais prête à écouter. J'ai eu un déclic. Ce besoin de voir un certain chiffre sur la balance et de porter une taille spécifique s'était comme envolé, j'en étais libérée. Combien il était grisant de penser que je n'avais plus à être esclave des régimes yo-yo, que je puisse vivre librement et de manière indépendante, en mangeant comme je l'entends pour nourrir ma vie ! Je pouvais être libérée du stress généré par l'attente du prochain repas, libérée du regret coupable de ce que je venais de manger. Quelque part, enfouie sous des dizaines d'années de tâtonnements – faire le yo-yo entre grossir et jeûner, le festin et la famine, la honte, la peur et la frustration –, il y avait cette conviction que je pouvais trouver équilibre et satisfaction

« AUSSI LOIN QUE JE M'EN SOUVIENNE, J'AI TOUJOURS ÉTÉ LE GENRE DE PERSONNE À VOULOIR PARTAGER LES CHOSES QUI RENDENT LA VIE MEILLEURE. »

—OPRAH WINFREY

avec la nourriture, sans avoir à me déclarer la guerre. Je rêvais de détente, de manger avec plaisir, facilité, et peut-être même un soupçon de joie.

Je sais maintenant que perdre du poids et ne pas le reprendre ne sera jamais une question de régime ni de privation, de honte ou de culpabilité. Mon amie Marianne Williamson m'a écrit qu'il faut changer notre rapport à la nourriture, mais aussi à la vie, et elle avait raison. Être soulagée du poids de quelques kilos en trop demande ce qu'un autre ami, Bob Greene, a essayé de m'apprendre il y a des années : pour entrevoir une nouvelle manière de s'alimenter, de bouger et d'être avec soi-même, il faut reconnaître qu'on a le droit d'être en bonne santé et qu'on mérite d'être aimé. Il faut avoir la volonté de prendre soin de soi.

Ce sont des idées qui requièrent une conscience nouvelle.

Pour moi, cela signifie ressentir vraiment ce que je ressens. Plus question de masquer mon anxiété – colère, tristesse ou peur de la confrontation – avec un paquet de chips ou une poignée de noix. Pendant une grande partie de ma vie, j'ai eu la faiblesse et la mauvaise habitude de manger sous le coup de l'émotion. Ce n'est que récemment que j'ai appris à digérer, et non refouler par le biais de la nourriture, ce que je vis de pénible. Pendant toutes ces années où ma routine consistait à enregistrer au moins deux voire trois émissions par jour, les gens me demandaient comment je gérais le stress et je leur répondais : « Je ne ressens pas le stress. » Je ne le ressentais pas parce que je le mangeais. Le moindre soupçon de malaise – un appel que je n'avais pas envie de passer, une rencontre qui s'annonçait déplaisante – et j'allais chercher quelque chose de salé ou croquant, qui m'apaisait. L'émotion indésirable déclenche le comportement indésirable.

Aujourd'hui, j'ai appris à faire mieux. Non seulement je prends conscience de ce que je ressens – mais quand le contexte s'y prête, je m'exprime. Quand je dois prendre une décision difficile, je m'y attelle directement plutôt que de procrastiner. C'est une nouvelle façon d'être.

Cette révélation s'étend à ma façon de manger – et c'est là que Weight Watchers® m'a beaucoup aidée. C'est un outil très efficace pour être plus sensible à la nourriture que je mets dans mon assiette. Ce n'est pas un régime. On mange ce que l'on veut – et c'est ce que je fais. J'utilise le système de points comme un jeu (voir page 224). J'ai 30 points par jour avec lesquels je peux jouer comme bon me semble. Plus mes choix sont sains, plus j'ai de chances de m'amuser.

Aussi loin que je m'en souvienne, j'ai toujours été le genre de personne à vouloir partager les choses qui rendent la vie meilleure. Quand je tombe sur quelque chose d'utile, ou qui m'apporte du plaisir ou de la facilité, j'ai envie que tout le monde soit au courant et puisse en bénéficier. C'est comme ça que ce livre a vu le jour. Il fait partie de l'histoire de ma vie – les leçons que j'ai apprises, les découvertes que j'ai faites – racontée à travers la nourriture. Ma découverte la plus importante : on peut composer de manière saine et durable avec l'alimentation. On peut maîtriser ce jeu qu'est la nourriture grâce aux points, à la nutrition au plaisir. Parce que si ce que l'on mange n'est que passable, on reste sur sa faim.

De nombreuses recettes sont celles de chefs que j'ai eu la chance de rencontrer ou avec qui j'ai travaillé. J'en réalise un grand nombre moi-même. Il n'y a en effet rien de mieux que de partager un repas maison avec des personnes que l'on aime rassemblées autour d'une table. Ce sont des plats que j'ai servis pour des fêtes ou sans raison particulière. J'espère que vous prendrez plaisir à les cuisiner, à les déguster et à les partager. Parce je suis certaine que la nourriture est une question de joie et non de souffrance. Son but est de nous nourrir et nous soutenir, pas de nous causer de la douleur. Quand on mange consciemment et correctement, on alimente son corps et son esprit. Et ça rend la vie plus savoureuse !

À votre santé, bonheur et plaisir conscient !

Oprah

CHAPITRE

1

LA SOUPE, C'EST L'AMOUR

CHAPITRE 1

LA SOUPE, C'EST L'AMOUR

ON EST DIMANCHE SOIR, IL EST 7 HEURES TAPANTES ET J'AI 6 ANS.

Ou alors j'en ai peut-être 8. Je pourrais même en avoir 9. Peu importe. Quel que soit mon âge, je peux vous dire exactement ce que j'étais en train de faire à 7 heures tous les dimanches soirs de mon enfance. J'étais assise devant le téléviseur Magnavox, clouée à ce qui, à l'époque, était la meilleure série du monde : *Lassie*. Pendant 30 minutes – bon, plutôt 22, si on enlève toutes les publicités –, tout le reste disparaissait ; c'était juste moi, la famille Martin et le plus dévoué de tous les chiens.

Tout ce dont j'étais sûre à cette époque, c'était qu'au moment du générique, mon monde serait parfait et que nous vivrions tous très heureux si ma maman me servait un énorme bol de soupe Campbell, rien que pour moi.

Au déjeuner, je prends de la soupe presque chaque jour !

Disons que Timmy Martin n'était pas un enfant chanceux. Ce garçon était constamment en train de pendre d'une falaise, d'être pris au piège dans le puits d'une mine abandonnée, de tomber dans une rivière – je crois qu'il a même réussi à s'enfoncer dans du sable mouvant une ou deux fois. Mais ça allait, parce que peu importe ce qu'il arrivait à Timmy, on savait qu'il pouvait compter sur Lassie. Aujourd'hui, on pourrait penser que voir le plus intelligent des colleys de la Terre secourir son maître d'une mort certaine dans du sable mouvant serait l'apogée d'un épisode – mais pas pour moi. Mon moment préféré était à la toute fin, quand la mère de Timmy lui ébouriffait les cheveux, lui donnait une gentille leçon sur le fait qu'il devrait vraiment faire un effort pour éviter de tomber dans des trous de blaireaux, et lui servait un bol fumant de soupe Campbell, qui était de toute évidence *mmm mmm* bonne !

C'était particulièrement *mmm mmm* bon pour Campbell – qui, je l'ai appris plus tard, a sponsorisé *Lassie* pendant dix-neuf ans. Mais dans ces années-là, à Milwaukee, le placement de produit était bien la dernière chose à laquelle je pensais. Tout ce dont j'étais sûre à cette époque, c'était qu'au moment du générique, mon monde serait parfait et nous vivrions tous très heureux si ma maman me servait un énorme bol de soupe Campbell, rien que pour moi.

Ma mère était femme de ménage. Après avoir passé sa journée à nettoyer les maisons des autres, il était hors de question d'ébouriffer mes tresses et de me servir de la soupe avec le sourire. Le simple fait d'espérer une telle chose

À un moment donné, Lassie s'est perdue pendant plusieurs semaines. Tous les soirs, je m'agenouillais pour prier pour qu'elle survive.

J'étais alors scotchée à notre vieux Magnavox. Même si les Supremes ou les Jackson Five passaient dans le Ed Sullivan Show, je refusais ne serait-ce que de cligner des yeux.

Ici, je suis chez ma tante Susie Mae, dans le Mississippi. J'ai passé beaucoup de temps sur ce perron, et je pense encore à elle quand je suis dans mon rocking-chair devant ma propre maison.

L'un des rares clichés de mon enfance. Je pense que je devais avoir 3 ou 4 ans, et j'étais si heureuse de porter des chaussures en cuir verni.

était absurde. Ma maman faisait de son mieux, mais aujourd'hui encore, je me rappelle très bien mettre de la poudre Kool-Aid aromatisée au raisin et de l'eau dans mes céréales parce qu'on était trop pauvres pour acheter du lait. À vrai dire, je me souviens de périodes où nous n'avions pas les moyens d'acheter de la nourriture.

Je voulais une autre vie. Je voulais me sentir en sécurité. Je voulais me sentir comprise. Je voulais un monde d'amcur inconditionnel. Vous voyez où je veux en venir ? Je voulais de la soupe.

Quand on est enfant, on ne choisit pas la manière dont on est aimé. Mais quand on vieillit, et si on est intelligent, préparé et très déterminé, on réussit de temps en temps à avoir vraiment la vie dont on rêvait plus jeune. Dans mon cas, cette vie m'a offert bien plus de possibilités que je n'aurais pu me l'imaginer, assise devant ce vieux Magnavox à regarder *Lassie*.

Et vous savez quoi ? Maintenant, au déjeuner, je mange de la soupe presque chaque jour !

Commencer un livre de cuisine avec 19 recettes de soupe peut sembler un peu bizarre, mais chacune d'elles m'apporte une sensation profonde et immédiate de bien-être. J'espère qu'il en sera de même pour vous. À quel point est-ce que je crois au pouvoir de la soupe ? Eh bien, on peut dire que mon meilleur conseil en matière d'alimentation se résume à : si vous avez envie de vous réchauffer et de vous sentir bien nourri – corps et âme – trouvez une personne qui pourrait avoir besoin d'une petite dose de bienveillance, et invitez-la chez vous, autour d'un simple bol de soupe accompagné d'une conversation tranquille. Parce que, qui que vous soyez, quel que soit l'endroit d'où vous venez, c'est indéniable : la soupe, c'est l'amour.

SOUPE DE HARICOTS ÉPICÉS ET CHOU CAVALIER

Ma grand-mère faisait pousser du chou cavalier comme du chiendent. À presque tous les repas, nous avions donc soit du chou cavalier, soit des navets. Ajouter ce chou à une simple soupe de haricots lui donne une toute nouvelle dimension. Ces légumes apportent immédiatement un peu de gaieté !

INGRÉDIENTS

Haricots

- 340 g (1,5 tasse) de haricots cannellini, ou d'une autre variété de haricots blancs secs, mis à tremper toute une nuit dans un récipient rempli d'eau (les haricots doivent rester recouverts)
- ½ oignon jaune de taille moyenne, émincé
- 3 gousses d'ail pelées et écrasées
- 2 feuilles de laurier
- 15 g (1 c. à soupe) de gros sel

Soupe

- 1,5 cl (1 c. à soupe) d'huile d'olive vierge extra
- ½ oignon jaune de taille moyenne, émincé
- 1 branche de céleri, émincée
- 1 carotte de taille moyenne, émincée
- 1 piment rouge « chile de árbol » séché
- 2 gousses d'ail hachées
- ½ c. à thé de flocons de piment rouge séché
- 1 c. à soupe de paprika fumé
- 1 l (4 tasses) de bouillon de poulet maison (page 42)
- 50 g (½ tasse) de tomates concassées en boîte
- ½ c. à thé de feuilles de thym frais
- 4 grandes feuilles de chou cavalier débarrassées des tiges et émincées
- 1,5 cl (1 c. à soupe) de vinaigre de Xérès ou de vinaigre de vin rouge
- 40 g (¼ tasse) de pecorino ou de parmesan râpé
- Poivre blanc fraîchement moulu
- Sel

La méthode rapide et facile consiste à prendre 2 boîtes de 425 g de haricots cannellini ou d'une autre variété de haricots blancs.

PRÉPARATION

Cuisson des haricots : Égouttez les haricots. Mélangez les haricots, l'oignon, l'ail et le laurier dans une grande casserole, puis couvrez d'eau froide (5 centimètres au-dessus des légumes). Faites frémir à feu moyen-élevé, salez, puis passez à feu doux. Faites cuire 35 à 40 minutes, jusqu'à ce que les haricots soient tendres. Laissez-les refroidir dans leur liquide de cuisson. Retirez le laurier et égouttez.

Préparation de la soupe : Faites chauffer l'huile dans une grande casserole à feu moyen-élevé. Ajoutez l'oignon, le céleri, la carotte, le piment rouge « chile de árbol » et une grosse pincée de sel. Faites cuire 5 minutes, jusqu'à ce que les légumes soient tendres et colorés. Ajoutez l'ail, les flocons de piment rouge et le paprika fumé et poursuivez la cuisson 30 secondes, en remuant constamment. Incorporez les haricots, le bouillon de poulet, les tomates, le thym et une pincée de poivre blanc, puis portez à ébullition. Baissez le feu à moyen-doux et faites mijoter à découvert 5 minutes. Retirez le piment rouge « chile de árbol ».

Transférez 50 cl (2 tasses) de soupe, y compris les aliments solides, dans un blender et mixez jusqu'à obtenir une texture lisse. Remettez dans la casserole, puis ajoutez-y le chou cavalier, 1 c. à thé de sel et un peu de poivre. Faites frémir 5 minutes, jusqu'à ce que le chou soit tendre. Incorporez le vinaigre. Goûtez et salez si besoin. Servez dans des bols, avec du fromage râpé sur le dessus.

PRÉPARATION	CUISSON	POUR	SMARTPOINTS	CALORIES
20 MINUTES	65 MINUTES	6 PERSONNES	7 PAR PORTION	289 PAR PORTION

VELOUTÉ DE CHAMPIGNONS

Grâce aux différentes variétés de champignons utilisées, ce velouté offre une belle texture en bouche – il est nourrissant, sans pour autant être lourd. Pour moi, c'est même en fait tout aussi rassasiant qu'un bol de ragoût de bœuf, sauf qu'après, je n'ai pas besoin de faire une sieste à cause d'un ventre trop plein.

INGRÉDIENTS

- Huile d'olive vierge extra en spray
- 115 g (environ 2 tasses) de pleurotes, coupées en deux si elles sont grosses
- 1,5 cl (1 c. à soupe) d'huile d'olive vierge extra
- 1 oignon jaune de taille moyenne, finement émincé
- 1 gousse d'ail hachée
- 1 c. à thé de thym séché
- 455 g de champignons de Paris nettoyés et coupés en lamelles
- 1 feuille de laurier
- 70 cl (3 tasses) de bouillon de poulet maison (page 42)
- 75 g (1/4 de tasse) de crème fraîche épaisse
- 2 c. à soupe de parmesan râpé
- 2 c. à soupe de persil frais ciselé
- 1/2 c. à thé de poivre blanc fraîchement moulu
- Poivre noir fraîchement concassé
- Sel

PRÉPARATION

Faites chauffer une grande casserole à feu moyen et vaporisez-la d'huile d'olive. Mettez-y les pleurotes avec une grosse pincée de sel et faites-les cuire environ 5 minutes, en mélangeant souvent, jusqu'à ce qu'elles soient légèrement tendres. Réservez.

Faites chauffer l'huile à feu moyen-doux, ajoutez les oignons et faites-les cuire 5 minutes, jusqu'à ce qu'ils soient tendres, mais pas colorés. Ajoutez l'ail et le thym et poursuivez la cuisson 1 minute, tout en mélangeant. Ajoutez les champignons de Paris, le laurier et 1 c. à thé de sel. Couvrez et laissez cuire environ 10 minutes, en remuant de temps à autre, jusqu'à ce que les champignons soient tendres. Ajoutez le bouillon de poulet et le poivre blanc. Couvrez de nouveau. Passez le feu à vif et faites frémir la préparation. Baissez l'intensité du feu à moyen-doux et laissez cuire 10 minutes supplémentaires. Ajoutez la crème et poursuivez la cuisson environ 1 minute, jusqu'à ce qu'elle soit réchauffée. Retirez le laurier.

En procédant en plusieurs fois, transférez la préparation dans un blender et mixez jusqu'à obtenir une texture lisse. Ajustez l'assaisonnement en ajoutant du sel. Versez le velouté dans des bols et répartissez-y les pleurotes. Garnissez de fromage, de poivre noir concassé et de persil.

PRÉPARATION	CUISSON	POUR	SMARTPOINTS	CALORIES
10 MINUTES	30 MINUTES	4 PERSONNES	6 PAR PORTION	210 PAR PORTION

Cette soupe, c'est un peu comme s'enrouler dans une couverture bien chaude : elle est douillette, sensuelle et parfaite en guise de repas complet.

SOUPE DE HARICOTS À L'HAWAÏENNE ET DE LÉGUMES (RANCH D'OW)

Il y a quelques années sur l'île de Maui, nous sommes tombés sur des haricots de Lima énormes qu'un agriculteur avait récoltés, séchés et conservés dans des bocaux. Parfaits pour une soupe ! À l'origine, nous partions avec une base de soupe à la queue de bœuf, quelque chose d'assez copieux pour faire face à un haricot géant. Quand j'ai commencé le programme Weight Watchers®, je me suis rendue compte que la queue de bœuf représentait presque une journée de points. Nous avons donc élaboré une base épaisse et sans viande.

INGRÉDIENTS

500 g (2 tasses) de haricots de Lima ou haricots « cranberry » ou remplacez par 450 g (6 tasses) de haricots de Lima en boîte, égouttés
2 feuilles de laurier
1,5 cl (1 c. à soupe) d'huile d'olive vierge extra
1 petit oignon jaune finement émincé
½ poivron rouge épépiné et finement émincé
3 branches de céleri de taille moyenne, émincées
2 carottes de taille moyenne, finement émincées
2 gousses d'ail hachées
2 c. à soupe de flocons de piment rouge séché
140 cl (6 tasses) de bouillon de poulet maison (page 42)
1 lamelle d'écorce d'orange, de préférence séchée, ou 2 c. à thé de zeste d'orange
1 anis étoilé
5 cm de gingembre frais coupé en tranches très fines
50 g (¼ de tasse) de beurre d'arachide crémeux et sans sucre
110 g (2 tasses) de feuilles de moutarde brune ciselée
2 c. à thé de sel

Garnitures
Germes de soja
Coriandre fraîche ciselée
Un trait de jus de citron vert
Piments serrano coupés en rondelles
Gingembre fraîchement râpé
Zeste d'orange
Un trait de vin de Xérès

PRÉPARATION

Si vous utilisez des haricots secs, couvrez-les d'eau et faites-les tremper au moins 8 heures ou une nuit. Égouttez-les, puis mettez-les dans une grande casserole avec 1 feuille de laurier. Couvrez d'eau et salez légèrement. Portez à ébullition à feu vif, puis baissez l'intensité du feu et laissez mijoter 1 heure, jusqu'à ce que les haricots soient tendres. Égouttez et retirez le laurier. Transférez un tiers des haricots dans un robot ou un blender et réduisez-les en purée.

Rincez et essuyez la casserole, puis versez-y l'huile et faites-la chauffer à feu moyen-doux. Ajoutez l'oignon, le poivron, le céleri, les carottes et 2 c. à thé de sel. Faites revenir le tout environ 10 minutes, jusqu'à ce que les légumes soient tendres, mais pas colorés. Ajoutez l'ail et les flocons de piment rouge, puis poursuivez la cuisson 2 minutes, jusqu'à ce qu'ils libèrent leurs arômes. Incorporez tous les haricots – entiers et réduits en purée –, le bouillon de poulet, l'écorce d'orange, l'anis étoilé, le gingembre, le beurre d'arachide et le laurier restant. Augmentez le feu pour qu'il soit vif et faites frémir la préparation, en mélangeant pour dissoudre la purée de haricots et le beurre d'arachide. Baissez le feu et laissez mijoter 20 minutes. Ajoutez la moutarde brune et poursuivez la cuisson 2 minutes, jusqu'à ce qu'elle soit blanchie. Retirez l'écorce d'orange, le laurier et l'anis. Placez la garniture de votre choix dans chaque bol et versez la soupe autour. Soulignez d'un trait de vinaigre de Xérès. Servez avec du riz au jasmin.

PRÉPARATION	CUISSON	POUR	SMARTPOINTS	CALORIES
20 MINUTES	1 HEURE	6 PERSONNES	8 PAR PORTION	323 PAR PORTION

MINESTRONE VERT

C'est le jardin d'Éden dans un bol de soupe. Tous les légumes que votre mère vous disait de manger sont là, sauf que dans ce bouillon ils sont chauds, délicieux, apaisants et relevés – tout ça en même temps !

INGRÉDIENTS

- 8 branches de basilic frais
- 4 branches d'origan frais
- 6 branches de thym frais
- 1,5 cl (1 c. à soupe) d'huile d'olive vierge extra
- 1 gros oignon jaune finement émincé
- 1 gros poireau entier finement émincé
- 2 c. à soupe d'ail haché
- 2 grosses carottes jaunes ou orange taillées en cubes d'environ 1 cm de côté
- 2 grosses branches de céleri taillées en cubes d'environ 1 cm de côté
- 1 bulbe de fenouil moyen débarrassé de sa partie centrale et taillé en cubes d'environ 1 cm de côté
- 3 grosses tomates vertes de variété ancienne
- 1 l (4 tasses) de bouillon de poulet maison ou de bouillon de légumes (page 42)
- 2 feuilles de laurier
- 500 g (2 tasses) de haricots cannellini cuits (ou 1 boîte de 425 g de haricots, égouttés et rincés)
- 140 g (4 tasses) d'épinards frais, légèrement tassés
- 3 cl (2 c. à soupe) de vinaigre de vin rouge, ou dosé à votre convenance
- 225 g (1 tasse) de haricots verts coupés en tronçons d'environ 1 cm de long
- 225 g (1 tasse) d'asperges coupées en tronçons de 1 cm
- 1 petite courgette taillée en cubes d'environ 1 cm
- 125 g (1 tasse) de petits pois frais ou décongelés
- Poivre noir fraîchement moulu
- Sel

PRÉPARATION

Faites un bouquet garni avec le basilic, l'origan et le thym.

Faites chauffer l'huile dans une grande casserole à feu moyen-doux. Ajoutez l'oignon et le poireau, puis faites-les revenir environ 10 minutes, jusqu'à ce qu'ils soient tendres, mais pas colorés. Incorporez l'ail et poursuivez la cuisson 2 minutes, jusqu'à ce qu'il libère ses arômes. Salez et poivrez. Intégrez les carottes, le céleri, le fenouil, les tomates, le bouillon de poulet ou de légumes, le bouquet garni et le laurier. Augmentez l'intensité du feu à moyen-vif pour faire frémir la préparation. Baissez le feu et laissez mijoter environ 15 minutes, jusqu'à ce que les légumes soient tendres. Ajoutez les haricots, faites de nouveau frémir la préparation et laissez mijoter encore 5 minutes environ.

Prélevez 50 cl (2 tasses) de bouillon et versez-les dans un blender, ajoutez les épinards et mixez jusqu'à obtenir une texture lisse. Transférez la préparation mixée dans la casserole et versez le vinaigre. Faites de nouveau frémir, ajoutez les haricots verts et les asperges, puis poursuivez la cuisson environ 3 minutes, jusqu'à ce que les légumes s'attendrissent. Incorporez la courgette et attendez encore 1 minute avant de verser les petits pois. Laissez cuire 1 minute, ou jusqu'à ce que les légumes soient tendres. Goûtez et ajoutez du vinaigre, du sel et/ou du poivre. Retirez le bouquet garni et le laurier et servez dans des bols.

PRÉPARATION	CUISSON	POUR	SMARTPOINTS	CALORIES
20 MINUTES	45 MINUTES	6 PERSONNES	5 PAR PORTION	249 PAR PORTION

Saviez-vous que les artichauts valent zéro point, comme rien, nada !

SOUPE À L'ARTICHAUT

Nous faisons pousser nos artichauts. C'est une grosse plante touffue, il faut donc s'aventurer dans tout un tas de feuilles avant de mettre la main sur une fleur. C'est beaucoup de travail et en avoir conscience permet d'apprécier d'autant plus ce que l'on mange. Le problème, c'est que manger des artichauts à la vapeur, c'est bien, mais on s'en lasse. Un jour, j'ai donc dit : « Pourquoi ne pas les faire en soupe ? » La bonne nouvelle, c'est que la soupe est délicieuse et que les artichauts ne contiennent aucune graisse – on peut difficilement trouver un légume plus sain. La nouvelle un peu moins bonne, c'est que je ne peux pas faire cette recette sans que Stedman nous fasse la blague « Arti chaud devant ! ». Le jour où il oubliera de la sortir, je m'inquiéterai pour sa santé.

INGRÉDIENTS

- 5 gros artichauts
- 2,3 cl (1,5 c. à soupe) d'huile d'olive vierge extra
- ½ oignon jaune de taille moyenne, finement tranché
- 2 grosses pommes de terre bintje pelées et coupées en dés
- 150 cl (6 tasses) de bouillon de poulet maison (page 42)
- 140 g (4 tasses) d'épinards frais
- 1,5 cl (1 c. à soupe) de jus de citron, ou dosé à votre convenance
- Poivre blanc fraîchement moulu
- Sel

PRÉPARATION

Retirez les cœurs et les fonds d'artichaut avant de les trancher finement.

Faites chauffer l'huile dans une grande casserole à feu moyen. Ajoutez l'oignon et les artichauts, salez légèrement, puis faites revenir 5 à 7 minutes, jusqu'à ce que les légumes commencent à s'attendrir. Incorporez les pommes de terre et le bouillon, augmentez l'intensité du feu pour qu'il soit moyen-vif, couvrez la casserole et faites frémir. Baissez ensuite l'intensité du feu pour qu'il soit doux et faites mijoter pendant environ 10 minutes, jusqu'à ce que les pommes de terre soient bien tendres. Salez et poivrez. Mixez la soupe dans un blender jusqu'à obtenir une texture bien lisse. Procédez en plusieurs fois si nécessaire. Remettez le tout dans la casserole et réchauffez si besoin. Incorporez le jus de citron, goûtez et ajustez l'assaisonnement à votre convenance.

PRÉPARATION	CUISSON	POUR	SMARTPOINTS	CALORIES
25 MINUTES	30 MINUTES	6 PERSONNES	6 PAR PORTION	283 PAR PORTION

SOUPE AU PIMENT ROUGE, À LA SAUCISSE ET AU FENOUIL

Cette soupe est pleine de saveurs. Le fenouil vient relever l'ensemble juste comme il faut, avec son léger goût de réglisse. Ajoutez à cela une salade verte et vous serez *s(o)uper*-satisfait !

INGRÉDIENTS

- 1 grosse tomate finement émincée
- 1 bulbe de fenouil de taille moyenne, débarrassé de sa partie centrale et finement émincé
- 1,5 cl (3 c. à thé) d'huile d'olive vierge extra
- 1 gros oignon jaune émincé
- 1 grosse carotte émincée
- 1 grande branche de céleri
- 3 gousses d'ail hachées
- 1 feuille de laurier
- 1 l (4 tasses) de bouillon de poulet maison (page 42), et davantage si besoin
- 1 bocal de 340 g de poivrons rouges grillés et égouttés
- 2 saucisses de volaille épicées à l'italienne, chair retirée du boyau
- Feuilles d'½ botte de bettes, de moutarde brune, ou de chou kale émincées
- ½ c. à thé de flocons de piment rouge séché
- Poivre noir fraîchement moulu
- Sel

Garnitures facultatives

- Huile d'olive piquante
- Parmesan râpé
- Poivre noir concassé
- Feuilles de basilic frais, en chiffonnade

PRÉPARATION

Préchauffez le four à 150 °C (300 °F).

Dans un bol, mélangez la tomate et le fenouil et versez 0,5 cl (1 c. à thé) d'huile. Salez et poivrez. Transférez sur une petite plaque de cuisson (un plat à tarte convient). Enfournez et faites rôtir 40 minutes, ou jusqu'à ce que les légumes soient tendres. Retirez du four et réservez.

Pendant ce temps, faites chauffer 0,5 cl (1 c. à thé) d'huile dans une grande casserole à feu moyen-doux. Ajoutez l'oignon, la carotte et le céleri et faites revenir 10 minutes, en remuant de temps à autre, jusqu'à ce que les légumes s'attendrissent, sans se colorer. Incorporez l'ail et le laurier et poursuivez la cuisson 1 minute, ou jusqu'à ce qu'ils libèrent leurs arômes. Ajoutez le bouillon, augmentez le feu pour qu'il soit vif et faites frémir la préparation. Baissez l'intensité du feu et laissez mijoter 15 minutes, ou jusqu'à ce que les légumes soient tendres. Retirez le laurier. Mixez la soupe et les poivrons dans un blender jusqu'à obtenir une texture lisse (procédez en plusieurs fois). Essuyez la casserole avant d'y remettre la soupe. Salez et poivrez.

Chauffez l'huile restante dans une poêle à feu moyen-vif. Faites-y cuire la chair à saucisse 5 minutes, en remuant souvent. Ajoutez les bettes, la moutarde brune, ou le chou kale et les flocons de piment, et poursuivez la cuisson 2 minutes, jusqu'à ce que les légumes soient blanchis.

Servez la soupe dans des bols, ajoutez les tomates et le fenouil, puis la chair à saucisse et les légumes verts. Complétez avec les garnitures de votre choix.

PRÉPARATION	CUISSON	POUR	SmartPoints	CALORIES
25 MINUTES	40 MINUTES	4 PERSONNES	7 PAR PORTION	339 PAR PORTION

Vous pouvez faire cette soupe sans utiliser de produits laitiers, elle restera tout aussi crémeuse.

CRÈME DE MAÏS ESTIVALE

Il y a presque 30 ans, j'ai acheté une ferme dans l'Indiana et j'ai commencé à faire pousser du maïs sur une petite parcelle. Mais tellement d'épis poussent sur chaque pied que je n'ai pas pu tenir la cadence ! Que peut-on bien faire de tout ce maïs ? Quand j'étais enfant, ma mère avait l'habitude de le faire frire, et c'était super. Sauf que ce qui le rendait justement super, c'était le bacon qui servait de friture... J'ai donc commencé à me pencher sur des recettes qui auraient un peu moins tendance à boucher les artères – et c'est là que nous avons eu l'idée de la crème de maïs. En réduisant la moitié de l'épi en purée et en gardant le reste des grains entiers, nous avons réussi à obtenir une belle texture, sans avoir à en diluer la saveur ou à l'épaissir en ajoutant de la crème.

INGRÉDIENTS

- 15 g (1 c. à soupe) de beurre doux
- 2 carottes de taille moyenne, pelées et coupées en petits dés
- 1 oignon jaune de taille moyenne, coupé en dés
- 3 gousses d'ail coupées en fines lamelles
- Grains de 6 épis de maïs ou 675 g (4,5 tasses) de grains de maïs décongelés
- 1 pomme de terre de taille moyenne (type Russet) pour cuisson au four, pelée et coupée en petits dés
- 140 cl (6 tasses) de bouillon de poulet maison (page 42), davantage si besoin
- 2 branches de thym frais
- 1 feuille de laurier
- 12,5 cl (½ tasse) de lait concentré non sucré
- 1 c. à thé de poivre noir fraîchement moulu
- 1 ½ c. à thé de sel, davantage si besoin

Garnitures

- 4 tranches épaisses de bacon de première qualité coupées en petits dés
- 1 petite patate douce pelée et coupée en petits dés
- 300 g (2 tasses) de grains de maïs frais ou décongelés
- ½ c. à thé de piment « chipotle » en poudre
- 2 poivrons « pimiento del piquillo » en boîte, égouttés et coupés en petits dés
- 2 c. à soupe de ciboulette fraîche ciselée
- 1 c. à soupe d'estragon frais finement ciselé

PRÉPARATION

Dans une casserole à fond épais, faites fondre le beurre à feu moyen-doux. Ajoutez les carottes, l'oignon, l'ail et le sel, puis faites-les revenir 10 minutes, jusqu'à ce qu'ils soient tendres, mais pas colorés. Incorporez le maïs et poursuivez la cuisson 5 minutes (si vous utilisez du maïs congelé, il n'est pas nécessaire de le faire cuire). Ajoutez la pomme de terre, le bouillon, le thym et le laurier, puis passez le feu à vif et portez à ébullition. Baissez l'intensité du feu et laissez mijoter 20 minutes.

Pendant ce temps, préparez les garnitures. Faites cuire le bacon dans une poêle à feu moyen-vif 5 minutes, jusqu'à ce qu'il soit croustillant. Retirez-le avec une écumoire et égouttez-le sur de l'essuie-tout. Mettez la patate douce dans la poêle et faites-la revenir 8 minutes, jusqu'à ce qu'elle soit cuite à cœur et dorée. Ajoutez le maïs et le piment en poudre et poursuivez la cuisson 2 minutes. Mettez le bacon dans un bol, ajoutez-y la patate douce, le maïs et les poivrons « pimiento del piquillo ». Incorporez la ciboulette et l'estragon. Retirez la poêle du feu et réservez.

Retirez le laurier et le thym. Avec une écumoire, prélevez la moitié des aliments solides et passez-les au blender. Versez le lait concentré non sucré, appuyez sur le couvercle avec un linge pour éviter que de la vapeur ne s'échappe et mixez jusqu'à obtenir une texture lisse. Transférez la purée dans la casserole et laissez mijoter 5 minutes. Poivrez, goûtez et ajoutez du sel si besoin. Servez la soupe dans des bols, avec la garniture à base de patate douce.

PRÉPARATION	CUISSON	POUR	SMARTPOINTS	CALORIES
30 MINUTES	1 ½ HEURE	8 PERSONNES	9 PAR PORTION	279 PAR PORTION

Notre version est fantastique, et on gagne même des points en retirant les pâtes...

SOUPE DE HARICOTS À LA TOSCANE

J'adore la Toscane et j'adore les haricots blancs. Et le romarin me fait toujours repenser à une soupe que j'avais mangée en Italie. La *pasta fagioli* est probablement ma soupe préférée ! La recette ne figure pas dans ce livre parce qu'il n'y a qu'une seule personne qui sache la faire. Elle s'appelle Nuncia et elle vit quelque part sur la côte italienne.

INGRÉDIENTS

500 g (2 tasses) de haricots cannellini secs ou remplacez par 425 g (6 tasses) de haricots en boîte égouttés

9 petites tomates coupées en deux

1,5 cl (1 c. à soupe) d'huile d'olive vierge extra

1 gros oignon coupé en dés

1 feuille de laurier

225 g (1 tasse) de carottes coupées en dés

225 g (1 tasse) de céleri coupé en dés

225 g (1 tasse) de fenouil coupé en dés

3 gousses d'ail hachées

225 g (1 tasse) de champignons bruns ou cremini coupés en dés

50 cl (2 tasses) du liquide de cuisson des haricots (ou, si vous utilisez des haricots en boîte, de bouillon de poulet maison, page 42), davantage si besoin

8 grandes feuilles de basilic frais coupées en fines bandes de 6 mm

¼ de tasse de persil plat frais finement ciselé

Poivre noir concassé

Sel de mer

Garnitures facultatives

Huile piquante

Parmesan râpé

Poivre noir concassé

PRÉPARATION

Si vous utilisez des haricots secs, couvrez-les d'eau et faites-les tremper au moins 8 heures ou une nuit. Égouttez et rincez les haricots trempés. Mettez-les dans une grande casserole et recouvrez-les d'eau. Portez à ébullition à feu vif avant de saler. Baissez l'intensité du feu à moyen-doux et laissez mijoter 1 heure, jusqu'à ce que les haricots soient tendres. Égouttez-les en réservant le liquide de cuisson.

Préchauffez le four à 150 °C (300 °F).

Mettez les tomates dans un bol, ajoutez 0,8 cl (½ c. à soupe) d'huile. Salez et poivrez. Remuez pour enduire les tomates. Placez-les sur une plaque, face coupée en bas, en les espaçant de 2 cm pour qu'elles puissent dégorger. Faites rôtir 30 à 45 minutes, jusqu'à ce que les tomates soient ramollies et blanchies. Sortez la plaque du four et placez-la sur une grille.

Faites chauffer l'huile restante dans une grande poêle à feu moyen-vif. Ajoutez les oignons et le laurier et faites-les revenir 1 minute. Incorporez les dés de carotte, de céleri et de fenouil. Salez et poursuivez la cuisson 3 à 5 minutes, jusqu'à ce que les légumes s'attendrissent. Ajoutez l'ail et les champignons et laissez cuire 5 minutes, jusqu'à ce que les champignons soient tendres et que le liquide se soit évaporé. Retirez le laurier et transférez la préparation dans une casserole.

Mélangez 225 g (1 tasse) de haricots cuits au liquide de cuisson réservé (ou au bouillon, si vous utilisez des haricots en boîte) et mixez jusqu'à obtenir une texture lisse. Incorporez cette préparation à la casserole de soupe, ajoutez le reste de haricots et mélangez, en rajoutant du liquide de cuisson si la texture est trop épaisse. Servez dans des bols et décorez avec les tomates rôties, du basilic, du persil et toute autre garniture.

PRÉPARATION	CUISSON	POUR	SMARTPOINTS	CALORIES
25 MINUTES	1 ½ HEURE	8 PERSONNES	4 PAR PORTION	211 PAR PORTION

SOUPE À LA TOMATE ET AU PIMENT GUAJILLO

C'est la meilleure façon d'ajouter un peu de cha-cha-cha à une simple base à la tomate. Si la maman de Timmy ne s'était pas tant attachée à lui servir de la soupe Campbell toutes les semaines, cette soupe-ci aurait pu être un vrai régal ! Le piment guajillo vient équilibrer l'acidité des tomates.

INGRÉDIENTS

- 2 piments guajillo séchés
- 8 branches de coriandre fraîche
- 1 cl (2 c. à thé) d'huile d'olive vierge extra
- 1 petit oignon jaune émincé
- 1 petite carotte émincée
- 2 gousses d'ail hachées
- ½ c. à thé de cumin en poudre
- Grains d'1 épi de maïs (environ 115 g ou ¾ de tasse)
- 4 grosses tomates mûres émincées
- 1 petit piment jalapeño épépiné et grossièrement émincé
- ½ tasse de nixtamal cuit
- 1,5 c. à thé de concentré de tomate
- 75 cl (3 tasses) de bouillon de poulet maison ou de bouillon de légumes (page 42)
- Sel de mer

Garnitures facultatives

- Feuilles de coriandre réservées
- Tomates cerises pelées et émincées
- Chou finement émincé
- Crème fraîche allégée

Comme vous pouvez le voir, je suis une grande amatrice de tout ce qui est épicé.

PRÉPARATION

Faites chauffer une petite poêle à feu moyen-vif. Grillez-y les piments guajillo environ 1 minute sur chaque face, jusqu'à ce qu'ils brunissent, en les retournant avec une pince. Retirez les piments de la poêle, enlevez les queues et secouez-les pour en éliminer les graines. Mettez-les dans un bol et versez environ 50 cl (2 tasses) d'eau bouillante. Placez une petite assiette au-dessus des piments pour qu'ils restent immergés et laissez-les tremper environ 20 minutes, jusqu'à ce qu'ils soient tendres. Égouttez-les.

Effeuillez la coriandre et émincez les tiges. Réservez les feuilles pour la garniture.

Faites chauffer l'huile dans une grande casserole à feu moyen-doux. Ajoutez l'oignon, la carotte, l'ail et le sel, puis faites revenir 10 minutes, en mélangeant de temps à autre, jusqu'à ce que les aliments soient tendres, mais pas dorés. Saupoudrez de cumin et poursuivez la cuisson pendant environ 1 minute, jusqu'à ce que l'odeur de l'épice embaume la pièce. Incorporez le maïs et laissez cuire encore 2 minutes, en mélangeant souvent.

Pendant ce temps, mettez dans un blender les tomates, la coriandre, les piments guajillo et jalapeño, le nixtamal, le concentré de tomate et le sel. Réduisez en une purée lisse, en ajoutant un peu de bouillon si besoin pour faciliter le mixage. Versez la purée dans la casserole de soupe et ajoutez le bouillon. Couvrez, baissez le feu à moyen-doux et laissez mijoter 15 minutes. Goûtez et salez si besoin. Ajoutez les garnitures de votre choix et servez.

PRÉPARATION	CUISSON	POUR	SMARTPOINTS	CALORIES
20 MINUTES	30 MINUTES	4 PERSONNES	4 PAR PORTION	173 PAR PORTION

SOUPE MULLIGATAWNY

J'avais l'habitude de tourner deux, voire trois émissions par jour. J'attrapais un petit en-cas entre deux enregistrements pour éviter d'avoir des baisses d'énergie, et ensuite, je remontais pour prendre un déjeuner vers 15 heures. La Mulligatawny était toujours l'une de mes soupes réconfortantes. Les dés de pomme et le curry lui donnent un goût légèrement exotique difficile à décrire – on peut juste dire que c'est merveilleux.

INGRÉDIENTS

- 15 g (1 c. à soupe) de beurre, de ghee, ou d'huile de coco
- 2 oignons blancs de taille moyenne finement coupés en demi-lunes
- 1 grosse pomme Granny Smith pelée, épépinée et finement émincée
- 5 cm de gingembre frais râpé
- 6 gousses d'ail émincées
- 2 c. à thé de garam masala
- 2 c. à soupe de curry en poudre (j'ai une préférence pour le curry Madras)
- 2 c. à thé de coriandre en poudre
- 2 c. à thé de curcuma en poudre
- 1 c. à thé de cumin en poudre
- 1 c. à thé de piment de Cayenne en poudre
- 2 feuilles de laurier
- 2 l (8 tasses) de bouillon de poulet maison ou de bouillon de légumes (page 42)
- 400 g (2 tasses) de lentilles corail
- 2 boîtes de 140 g de pois chiches
- 1 boîte de 40 cl de lait de coco allégé et non sucré
- 2 c. à thé de sel

Garnitures

- 1 petite pomme verte pelée, épépinée et émincée
- 35 g (1/2 tasse) de coriandre fraîche finement ciselée
- 30 g (1/2 tasse) d'oignons nouveaux finement émincés
- Le zeste et le jus d'1 citron

PRÉPARATION

Faites fondre le beurre, le ghee, ou l'huile de coco dans une grande casserole à feu moyen. Faites revenir les oignons avec du sel environ 15 minutes, en mélangeant souvent, jusqu'à ce qu'ils commencent à dorer. Ajoutez la pomme et poursuivez la cuisson 10 à 15 minutes, jusqu'à ce que le fruit soit tendre et que les oignons aient caramélisé. Incorporez le gingembre, l'ail, le garam masala, le curry, la coriandre, le curcuma, le cumin, le piment de Cayenne et le laurier. Faites revenir 3 minutes, en mélangeant souvent et en ajoutant un peu d'eau au fur et à mesure si la préparation accroche.

Versez le bouillon et les lentilles, faites frémir, puis baissez le feu. Couvrez et laissez mijoter 20 à 25 minutes, jusqu'à ce que les lentilles commencent à se décomposer.

Pendant que la soupe mijote, préparez la garniture. Mélangez la pomme, la coriandre, les oignons nouveaux, le zeste et le jus de citron, puis réservez environ 20 minutes, ou jusqu'à ce que la soupe soit prête.

Quand les lentilles se décomposent, vous pouvez réduire la moitié de la préparation en purée et l'incorporer de nouveau à la casserole, réduire toute la préparation en purée ou laisser le tout tel quel – c'est vous qui décidez ! Ajoutez les pois chiches et le lait de coco et augmentez le feu le temps de faire frémir la préparation. Baissez l'intensité et laissez mijoter 10 minutes, en ajoutant du bouillon si besoin pour obtenir une consistance veloutée. Si vous réchauffez la soupe le lendemain, ajoutez un peu de bouillon ou d'eau, car elle a tendance à épaissir au frais.

PRÉPARATION	CUISSON	POUR	SMARTPOINTS	CALORIES
15 MINUTES	1 ½ HEURE	10 PERSONNES	10 PAR PORTION	327 PAR PORTION

L'été, nous les cueillons sur les plants, et l'hiver, quand il est presque impossible de trouver de bonnes tomates, nous les faisons rôtir pour en concentrer les saveurs.

CRÈME DE TOMATES BASIQUE

Je ne suis jamais tombée sur une crème de tomates que je n'aimais pas. Elles ont un côté rustique, sont riches et ont un goût authentique. Voici la recette pour faire une base qui se suffit à elle-même – j'aime en congeler quelques portions pour en avoir toujours sous la main – et dans les pages suivantes, vous trouverez trois options de garnitures, si vous avez envie d'être un peu créatif.

INGRÉDIENTS

- 1,5 cl (1 c. à soupe) d'huile d'olive vierge extra
- 1 oignon jaune de taille moyenne, finement émincé
- 2 branches de céleri de taille moyenne, émincées
- 1 grosse carotte, finement émincée
- 6 feuilles de basilic frais de taille moyenne, déchiquetées en morceaux
- 3 gousses d'ail, finement émincées
- 55 g (1/4 de tasse) de concentré de tomate
- 6 grosses tomates mûres, pelées et émincées
- 75 cl (3 tasses) de bouillon de poulet maison (page 42)
- Sel
- Poivre noir fraîchement moulu

Garnitures facultatives

- Feuilles de basilic frais, en chiffonnade
- Parmesan râpé
- Flocons de piment rouge séché
- Concassé de tomates (tomates pelées, épépinées et émincées)

PRÉPARATION

Faites chauffer l'huile dans une grande casserole à feu moyen-doux. Faites revenir l'oignon, le céleri, la carotte et le basilic. Salez, couvrez et laissez cuire pendant 5 à 7 minutes, en mélangeant de temps à autre, jusqu'à ce que les aliments soient tendres, mais pas colorés. Ajoutez l'ail et poursuivez la cuisson pendant environ 1 minute, jusqu'à ce qu'il libère ses arômes. Incorporez le concentré de tomate et laissez cuire encore 2 minutes. Versez ensuite les tomates et le bouillon de poulet. Salez et poivrez. Augmentez l'intensité du feu pour qu'il soit vif et faites frémir la préparation. Baissez de nouveau l'intensité du feu et laissez mijoter pendant 20 minutes pour que les tomates se décomposent et que les saveurs se mélangent.

En procédant en plusieurs fois, versez la soupe dans un blender et mixez jusqu'à obtenir une texture lisse (ou laissez quelques morceaux pour l'une des variantes). Transférez la soupe dans une nouvelle casserole. Servez-la dans des bols avec les garnitures de votre choix.

PRÉPARATION	CUISSON	POUR	SMARTPOINTS	CALORIES
20 MINUTES	30 MINUTES	4 PERSONNES	3 PAR PORTION	165 PAR PORTION

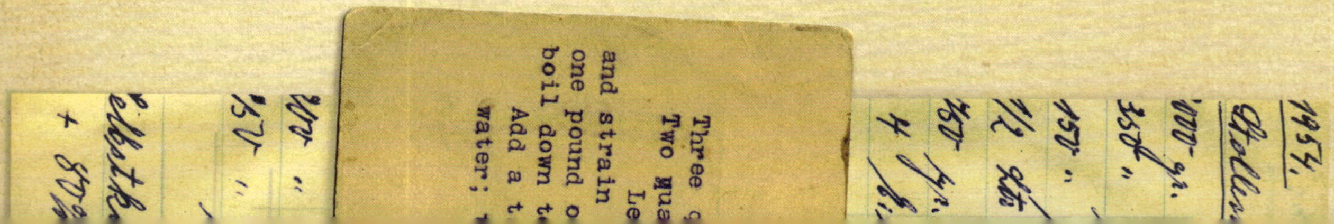

Garnitures de soupe

La crème de tomates est une base idéale pour toute une variété de garnitures et décorations. Voici quelques-unes de celles que je préfère. À vrai dire, vous pouvez tout à fait les ajouter à n'importe quelle soupe. Surtout les croûtons à l'ail !

CROÛTONS À L'AIL RÔTI ET PURÉE DE BASILIC

Croûtons

6 grosses gousses d'ail pelées
1,5 cl (1 c. à soupe) d'huile d'olive vierge extra
8 rondelles de baguette de 3 mm d'épaisseur
¼ de c. à thé de sel

Purée de basilic

70 g (2 tasses) de feuilles de basilic frais
3 cl (2 c. à soupe) d'eau
3 cl (2 c. à soupe) d'huile d'olive vierge extra
1 c. à thé de sel

Préparation des croûtons : Préchauffez le four à 175 °C (350 °F). Dans un bol, mélangez l'ail, l'huile et le sel. Disposez sur un plan de travail deux feuilles de papier d'aluminium assez grandes pour envelopper la préparation. Transférez l'ail et son huile sur le papier d'aluminium et formez une papillote. Enfournez-la et laissez rôtir 25 minutes, ou jusqu'à ce que l'ail soit tendre et brun doré.

Mettez les rondelles de baguette sur une plaque de cuisson et tamponnez-les avec l'huile restante de la papillote. Faites griller les rondelles 10 minutes. Écrasez le reste d'ail à la fourchette et étalez cette pâte en une fine couche sur chaque croûton.

Préparation de la purée de basilic : Remplissez un petit bol d'eau et de glaçons.

Portez 1 l d'eau à ébullition dans une casserole. Salez et plongez-y le basilic 30 secondes pour le blanchir. Égouttez-le et jetez-le dans le bain d'eau glacée. Égouttez-le en le pressant bien pour retirer l'excédent d'eau. Mettez le basilic dans un blender, ajoutez l'huile et 2 c. à soupe d'eau, puis mixez pour obtenir une texture lisse.

Service : Servez la soupe dans des bols et décorez avec 2 croûtons et ½ cuillère à thé de purée de basilic.

POUR 4 PERSONNES
4 SMARTPOINTS PAR PORTION | 119 CALORIES

CRÈME DE TOMATES ANCIENNES AVEC DE LA COURGETTE ET DU MAÏS

Recette de la crème de tomates basique (voir page 28) faite avec des tomates anciennes

0,5 cl (1 c. à thé) d'huile d'olive vierge extra

1 c. à thé de mélange d'épices cajun à noircir

1 courgette de taille moyenne coupée en dés d'environ 5 mm de côté

Grains d'1 épi de maïs (environ 115 g ou ¾ de tasse)

Sel

Faites la recette de la page 28, mais réduisez seulement la moitié de la préparation en purée et gardez l'autre moitié avec des morceaux.

Faites chauffer l'huile dans une poêle à feu moyen-vif. Ajoutez les épices cajun à noircir et faites-les revenir jusqu'à ce qu'ils grésillent. Ajoutez la courgette et le maïs et poursuivez la cuisson 3 minutes, jusqu'à ce que les légumes soient tendres. Salez. Servez la soupe dans des bols avec la garniture de maïs et de courgette.

POUR 4 PERSONNES
4 SMARTPOINTS PAR PORTION | 206 CALORIES

CRÈME DE TOMATES AUX CHAMPIGNONS SAUTÉS ET AU CHÈVRE

Recette de la crème de tomates basique (voir page 28)

0,5 cl (1 c. à thé) d'huile d'olive vierge extra

450 g (2 tasses) de champignons bruns ou cremini en lamelles

4 c. à thé de fromage de chèvre, à température ambiante

4 feuilles de basilic frais de taille moyenne, en chiffonnade

Faites la recette de la page 28, mais réduisez seulement un quart de la préparation en purée et gardez le reste avec des morceaux.

Faites chauffer l'huile dans une poêle à feu moyen. Ajoutez les champignons et faites-les revenir 5 à 7 minutes, jusqu'à ce qu'ils soient tendres. Incorporez les champignons à la soupe. Décorez chaque bol avec 1 c. à thé de fromage de chèvre et du basilic.

POUR 4 PERSONNES
4 SMARTPOINTS PAR PORTION | 197 CALORIES

Pour ma recette de pain de maïs allégé, rendez-vous page 56 !

CHILI DE DINDE

Il s'agit de mon plat réconfortant de prédilection, toujours accompagné de pain de maïs. Nous n'utilisons que la cuisse ou le pilon de la dinde parce qu'elle est plus savoureuse – et elle donne l'impression d'être aussi copieuse qu'une viande de bœuf. À l'heure qu'il est, vous avez peut-être remarqué que quand il s'agit de nourriture, pour moi : « Plus c'est épicé, mieux c'est. » Cependant, seules quelques personnes aiment que ce chili soit relevé, je dois donc y aller avec modération pour les autres. Nous préparons toujours une assiette de piments jalapeño, de salsa ou des piments rouges bien forts en plus pour moi.

INGRÉDIENTS

3 gros piments guajillo séchés
1 gros piment ancho séché
3 cl (2 c. à soupe) d'huile d'olive vierge extra
450 g de viande de dinde (pilons et/ou cuisses)
1 oignon de taille moyenne, émincé
½ poivron rouge moyen, épépiné et émincé
½ poivron jaune moyen, épépiné et émincé
2 branches de céleri, émincées
2 piments jalapeño, émincés
4 gousses d'ail, hachées
¼ tasse de piment en poudre
2 c. à soupe de cumin en poudre
1 c. à soupe de coriandre en poudre
1 c. à thé de piment de Cayenne en poudre
1 boîte de 800 g de dés de tomates avec le jus
50 cl (2 tasses) de bouillon de poulet maison (page 42)
2 feuilles de laurier
2 boîtes de 425 g de haricots rouges, rincés et égouttés
1 c. à thé de sel, et plus selon votre convenance

Garnitures facultatives
Oignons nouveaux en lamelles
Cheddar râpé
Fromage cotija (feta ou parmesan) en brouillade
Quartiers de citron vert
Crème fraîche
Coriandre fraîche ciselée

PRÉPARATION

Faites chauffer une poêle à feu moyen-vif. Ajoutez les piments guajillo et ancho et faites-les griller environ 1 minute sur chaque face, jusqu'à ce qu'ils brunissent. Retournez-les avec une pince. Retirez les piments de la poêle, ôtez les queues et secouez-les pour en éliminer les graines. Mettez-les dans un bol et ajoutez environ 50 cl (2 tasses) d'eau bouillante. Placez une petite assiette au-dessus des piments pour qu'ils restent immergés et laissez-les tremper environ 20 minutes, jusqu'à ce qu'ils soient tendres. Transférez-les dans un blender et mixez jusqu'à obtenir une texture lisse.

Dans une grande casserole à fond épais, faites chauffer l'huile à feu moyen-vif. Ajoutez la dinde et faites-la revenir environ 5 minutes, en mélangeant pour décomposer les éventuels paquets, jusqu'à ce que la viande soit légèrement dorée. Ajoutez l'oignon, les poivrons, le céleri et les piments jalapeño, puis faites cuire 10 minutes, jusqu'à ce que les légumes soient tendres. Incorporez l'ail et poursuivez la cuisson 1 minute, jusqu'à ce qu'il soit tendre. Versez le piment en poudre, le cumin, la coriandre et le piment de Cayenne et laissez cuire encore 1 minute, en mélangeant pour obtenir un ensemble homogène. Ajoutez les tomates, le bouillon, la purée de piment séché, le laurier et le sel, puis portez à ébullition. Baissez l'intensité du feu et laissez mijoter environ 30 minutes, en mélangeant de temps à autre, jusqu'à ce que la préparation ait épaissi. Incorporez les haricots et laissez cuire 10 minutes supplémentaires, en mélangeant de temps à autre. Servez la soupe dans des bols avec les garnitures de votre choix sur le dessus.

PRÉPARATION	CUISSON	POUR	SMARTPOINTS	CALORIES
30 MINUTES	40 MINUTES	8 PERSONNES	6 PAR PORTION	264 PAR PORTION

Pour ajouter une touche plus savoureuse, faites les crevettes au barbecue !

CRÈME DE PETITS POIS ET CREVETTES GRILLÉES

J'*adooore* les petits pois ! C'est le seul légume que j'aime plus que les pommes de terre. J'aime tellement les pommes de terre qu'une fois j'ai essayé de faire un cocktail à base de pommes de terre. Pourtant je me raisonne et j'en mange avec parcimonie. Les petits pois occupent la deuxième place dans ma liste de légumes favoris – cette soupe fait donc partie des habitudes de la maison. Les crevettes grillées en font un déjeuner bourré de protéines.

Qu'est-ce que vous voulez que je vous dise ? Il me semblait que c'était une bonne idée, mais il s'est avéré que la seule manière de boire une pomme de terre, c'est quand elle est distillée pour faire de la vodka.

INGRÉDIENTS

Crevette

0,5 cl (1 c. à thé) d'huile de pépins de raisin

½ c. à thé de piment chipotle en poudre

1 c. à thé de sirop d'agave

16 grosses crevettes (environ 300 g), décortiquées et déveinées

Zeste d'1 citron

2 c. à soupe de ciboulette fraîche finement ciselée

½ c. à thé de sel de mer

Soupe

1,5 cl (1 c. à soupe) d'huile d'olive vierge extra

2 poireaux, parties blanches et vertes, coupés en rondelles

1 échalote, hachée

2 gousses d'ail, écrasées et pelées

75 cl (3 tasses) de bouillon de poulet maison (page 42), et davantage si besoin

500 g (4 tasses) de petits pois frais ou décongelés

25 cl (1 tasse) de lait ribot

15 g (⅓ de tasse) de feuilles de basilic frais ciselées

2 c. à soupe de feuilles d'estragon frais ciselées

½ c. à thé de poivre noir fraîchement moulu

25 g (2 c. à soupe) de crème fraîche

1 c. à thé de sel de mer

PRÉPARATION

Marinade des crevettes : Dans un grand bol, mélangez l'huile de pépins de raisin, le sel, le piment chipotle en poudre et le sirop d'agave pour en faire une pâte. Ajoutez les crevettes et mélangez pour bien les enrober. Couvrez et réservez au réfrigérateur.

Préparation de la soupe : Faites chauffer l'huile d'olive dans une grande casserole à feu moyen-doux. Ajoutez les poireaux et ½ c. à thé de sel et faites-les cuire 8 minutes, ou jusqu'à ce qu'ils soient tendres. Incorporez l'échalote et l'ail et faites revenir 4 minutes de plus, ou jusqu'à ce que les aliments soient tendres. Versez le bouillon et la ½ c. à thé de sel restante, augmentez le feu un court instant pour faire frémir la préparation, puis baissez-le et laissez mijoter 20 minutes. Ajoutez les petits pois et poursuivez la cuisson 3 à 5 minutes, jusqu'à ce qu'ils soient tendres.

Filtrez la soupe dans une autre casserole. Mettez les morceaux solides dans un blender et ajoutez le lait ribot, le basilic et l'estragon. Mixez jusqu'à obtenir une texture lisse. Versez un peu de bouillon dans le bol du blender jusqu'à ce que vous obteniez la consistance d'une purée lisse. Réintégrez délicatement la purée dans la casserole contenant le bouillon. Poivrez, goûtez et salez si besoin. Réservez au chaud à feu très doux.

Préparation des crevettes : Faites chauffer un gril ou une poêle à gril à feu moyen-vif. Répartissez les crevettes en une couche dans la poêle et faites-les cuire 3 minutes par côté. Transférez-les dans un bol et incorporez-y le zeste de citron et la ciboulette. Versez la soupe dans des bols et ajoutez à chacun 1,5 c. à thé de crème fraîche en tournant en spirale. Disposez 4 crevettes au milieu de chaque bol et servez.

PRÉPARATION	CUISSON	POUR	SMARTPOINTS	CALORIES
15 MINUTES	1 HEURE	4 PERSONNES	10 PAR PORTION	387 PAR PORTION

Les producteurs ne m'ont jamais rappelée mais j'ai refait la soupe de brocoli maintes et maintes fois.

POTAGE AU BROCOLI ET À LA CRÈME DE CAJOU

Mon premier souvenir de cette soupe remonte aux alentours de 1978. On m'avait demandé d'être figurante et de jouer mon propre rôle dans *La Force du destin*. Inutile de préciser que j'avais envie de perdre un peu de poids avant d'aller à « Pine Valley ». Je me suis donc mise à faire bouillir du brocoli dans du bouillon de poulet pour ensuite le réduire en purée. J'en mangeais tous les jours, dans le but unique de paraître plus mince au moment de prononcer la réplique mémorable : « Excusez-moi, vous ne seriez pas Pamela Kingsley ? »

INGRÉDIENTS

- 1,5 cl (1 c. à soupe) d'huile d'olive vierge extra
- 1 oignon jaune de taille moyenne, coupé en dés
- 1 grosse tête de brocoli, fleurettes coupées en morceaux de 2-3 cm, pieds pelés et coupés en dés
- 2 gousses d'ail hachées
- 6,5 cl (1/4 de tasse) de vin blanc
- 1 l (4 tasses) de bouillon de poulet maison (page 42)
- 1 feuille de laurier
- Crème de cajou
- Poivre noir fraîchement moulu
- Sel

Ce n'est que bien des années plus tard que j'ai découvert ce luxe qu'est la crème de cajou.

PRÉPARATION

Faites chauffer l'huile dans un faitout à feu moyen. Ajoutez l'oignon et faites-le revenir 3 minutes, ou jusqu'à ce qu'il commence à s'attendrir. Incorporez les pieds de brocoli et poursuivez la cuisson 5 minutes, ou jusqu'à ce qu'ils soient tendres. Intégrez l'ail et laissez cuire 1 minute, jusqu'à ce qu'il libère ses arômes. Versez le bouillon, augmentez l'intensité du feu pour qu'il soit vif et faites frémir la préparation. Incorporez les fleurettes de brocoli et le laurier, faites de nouveau frémir, puis baissez le feu et laissez mijoter 5 à 7 minutes, jusqu'à ce que le brocoli soit tendre. Retirez le laurier, salez et poivrez. En procédant en plusieurs fois, transférez la soupe dans un blender et mixez jusqu'à obtenir une texture lisse. Versez à nouveau chaque portion mixée dans le faitout. Goûtez, ajustez l'assaisonnement et réchauffez au besoin. Servez dans des bols avec une cuillère à soupe de crème de cajou sur le dessus.

Crème de cajou

150 g (1 tasse) de noix de cajou crues

Mettez les noix de cajou dans un bol de taille moyenne, recouvrez-les généreusement d'eau froide, puis placez un torchon par-dessus et réservez à température ambiante pendant 3 à 4 heures. Égouttez, puis transférez les noix de cajou dans un blender. Ajoutez 12,5 cl (1/2 tasse) d'eau fraîche et mixez jusqu'à obtenir une texture lisse. La crème peut se conserver au réfrigérateur dans une boîte hermétique pendant une semaine.

PRÉPARATION	CUISSON	POUR	SMARTPOINTS	CALORIES
5 MINUTES	20 MINUTES	4 PERSONNES	5 PAR PORTION	239 PAR PORTION

SOUPE AUX LENTILLES VERTES DU PUY

J'adore cette soupe parce que les lentilles sont pleines de protéines et de minéraux – c'est l'un des aliments les plus sains que l'on puisse consommer.

INGRÉDIENTS

Concassée de tomates (une concassée consiste en des tomates pelées, épépinées et émincées)

1 tomate de taille moyenne pelée, épépinée et coupée en petits dés

1 petite gousse d'ail, hachée

0,5 cl (1 c. à thé) d'huile d'olive vierge extra

1 trait de vinaigre balsamique

1 feuille de basilic frais ciselée

1 pincée de sel et de poivre

Soupe

10 branches de thym frais

2 feuilles de laurier

400 g (2 tasses) de lentilles vertes du Puy

1,5 cl (1 c. à soupe) d'huile d'olive vierge extra

1 petit oignon jaune, finement émincé

115 g (1/2 tasse) de céleri, finement émincé

3 gousses d'ail, râpées au zesteur-râpe (page 218)

1 à 2 piments serrano, épépinés et émincés

120 cl (5 tasses) de bouillon de poulet maison (page 42), et davantage si besoin

Poivre noir fraîchement moulu

25 g (1/2 tasse) de concassée de tomates

Sel

Pimentez l'ensemble en ajoutant un ou deux piments jalapeño !

PRÉPARATION

Préparation de la concassée de tomate : Mélangez tous les ingrédients dans un petit bol et réservez le temps de préparer la soupe.

Préparation de la soupe : Faites un bouquet garni avec les branches de thym et les feuilles de laurier. Portez une grande casserole d'eau salée à ébullition à feu vif. Mettez-y les lentilles et portez de nouveau à ébullition. Égouttez les lentilles et passez-les sous l'eau froide pour les rincer.

Rincez et essuyez la casserole, puis ajoutez-y l'huile pour la faire chauffer à feu moyen-doux. Ajoutez l'oignon, le céleri, l'ail et les piments, puis couvrez et laissez mijoter pendant 4 minutes, en soulevant le couvercle de temps à autre pour mélanger, jusqu'à ce que les légumes soient tendres, mais pas dorés. Intégrez les lentilles et le bouillon de poulet, augmentez l'intensité du feu pour qu'il soit vif et faites frémir la préparation. Ajoutez le bouquet garni, baissez le feu à moyen-doux et laissez mijoter pendant environ 30 minutes, jusqu'à ce que les lentilles soient tendres. Salez et poivrez. Transférez un quart de la soupe dans un blender et mixez jusqu'à obtenir une texture lisse. Transvasez ensuite la purée obtenue dans la casserole. Répartissez dans des bols, déposez un peu de concassée sur chacun et servez.

PRÉPARATION	CUISSON	POUR	SMARTPOINTS	CALORIES
10 MINUTES	30 MINUTES	8 PERSONNES	7 PAR PORTION	258 PAR PORTION

C'est une de mes recettes préférées.
Elle est délicieuse, même sans le fromage !

SOUPE AU CHOU KALE ET AU FARRO

J'aime tout ce qui est de type céréalier : l'orge, les gruaux de maïs, le farro – tout ce que vous voulez.
Quand ce régime, annonçant que le blé était mauvais pour la santé est sorti, je pestais :
« Eh bien, je vais avoir de gros problèmes, parce que c'est ce que mon corps réclame. »
Et qu'on se le dise : le chou kale est à la mode ! Nous l'utilisons beaucoup dans nos soupes.

Mais pas non plus uniquement dans des soupes ! Rendez-vous page 179 pour trouver une recette de chips de chou kale sans aucun point.

INGRÉDIENTS	PRÉPARATION
1,5 cl (1 c. à soupe) d'huile d'olive vierge extra 1 petit oignon jaune, finement émincé 1 poireau, parties blanches et vertes, coupé en fines rondelles 2 carottes de taille moyenne, coupées en dés 2 branches de céleri, coupées en dés 2 gousses d'ail, émincées 400 g (2 tasses) de farro ou d'épeautre italien perlé 140 cl (6 tasses) de bouillon de poulet maison (page 42) 500 g (2 tasses) de courge butternut, pelée et taillée en cubes de 1 cm de côté 1 boîte de 400 g de tomates en dés avec le jus 5 à 8 cm de croûte de parmesan 1 feuille de laurier 1 c. à thé de thym séché 1 bouquet de chou frisé (kale) débarrassé des tiges et grossièrement émincé Parmesan finement râpé ½ c. à thé de poivre noir fraîchement moulu, ou plus selon votre convenance 1 ½ c. à thé de sel	Faites chauffer l'huile dans une grande casserole à feu moyen. Ajoutez l'oignon et le poireau, puis faites-les revenir environ 4 minutes, jusqu'à ce qu'ils soient tendres, mais pas colorés. Incorporez les carottes et le céleri et laissez cuire 4 minutes supplémentaires, ou jusqu'à ce que les légumes commencent à s'attendrir. Incorporez l'ail et poursuivez la cuisson pendant 1 minute, jusqu'à ce qu'il libère ses arômes. Ajoutez le farro et mélangez pour bien l'enrober. Versez le bouillon de poulet, la courge, les tomates, la croûte de fromage, la feuille de laurier, le thym, le sel et le poivre. Augmentez l'intensité du feu pour qu'il soit vif et faites frémir la préparation avant de baisser de nouveau à moyen-doux. Couvrez partiellement la casserole et laissez mijoter pendant 30 à 40 minutes, jusqu'à ce que la courge et le farro soient tendres. Incorporez les feuilles de kale et poursuivez la cuisson pendant 2 minutes, ou jusqu'à ce qu'elles soient tendres. Retirez et jetez la croûte de parmesan ainsi que la feuille de laurier. Goûtez et ajustez l'assaisonnement si besoin. Servez dans des bols avec 1 c. à soupe de parmesan saupoudré sur le dessus.

PRÉPARATION	CUISSON	POUR	SMARTPOINTS	CALORIES
20 MINUTES	45 MINUTES	6 PERSONNES	10 PAR PORTION	416 PAR PORTION

*Le secret, ici, c'est l'ail nouveau.
L'ail vieilli n'est pas un choix judicieux.*

CRÈME D'AILS NOUVEAUX

À moins d'avoir envie d'éloigner un vampire, j'ai le sentiment que la plupart des gens n'ont pas particulièrement envie d'un bol de soupe à l'ail. J'étais moi-même un peu sceptique, mais nous faisons pousser de l'ail dans notre jardin et nous le cueillons avant maturité complète. Ensuite, nous le faisons blanchir pour en retirer le piquant et l'amertume. On se retrouve avec une soupe soyeuse, légère et succulente.

INGRÉDIENTS

1,5 cl (1 c. à soupe) d'huile d'olive vierge extra

225 g d'ail nouveau, racines et têtes coupées, la partie blanche et environ 5 centimètres de la partie vert clair

1 oignon jaune de taille moyenne, coupé en demi-lunes

1 gros poireau, les parties blanches et vert clair, coupé en rondelles

4 gousses d'ail hachées

1 l (4 tasses) de bouillon de poulet maison (page 42), et davantage si besoin

450 g de pommes de terre bintje, pelées et émincées

75 g (½ tasse) de crème de cajou (page 36)

70 g (2 tasses) de bébés épinards

1,5 cl (1 c. à soupe) de jus de citron frais, ou au goût

Sel et poivre blanc fraîchement moulu

Garnitures facultatives

Ail nouveau rissolé

Fleurs d'ail

Ciboulette fraîche finement ciselée

1 trait d'huile d'olive vierge extra

PRÉPARATION

Faites chauffer l'huile dans une grande casserole à feu moyen-doux. Ajoutez l'ail nouveau, l'oignon et le poireau, puis salez et poivrez. Faites revenir l'ensemble pendant environ 10 minutes, en mélangeant de temps à autre, jusqu'à ce que les légumes soient tendres, mais pas colorés. Ajoutez l'ail et poursuivez la cuisson pendant environ 1 minute, jusqu'à ce qu'il libère ses arômes. Versez le bouillon de poulet et les pommes de terre, puis augmentez l'intensité du feu pour qu'il soit moyen-vif et faites frémir. Baissez de nouveau l'intensité du feu à moyen-doux et laissez mijoter pendant environ 15 minutes, en gardant un œil sur la casserole pour vous assurer que la préparation ne se mette jamais à bouillir, jusqu'à ce que les pommes de terre soient cuites à cœur.

En procédant en plusieurs fois, mixez la soupe dans un blender jusqu'à obtenir une texture lisse. Transvasez l'ensemble dans la casserole et mélangez pour homogénéiser la préparation, en ajoutant davantage de bouillon si la soupe est trop épaisse. Ajoutez le jus de citron, goûtez et ajoutez du sel, du poivre et/ou du jus de citron si besoin. Réchauffez la soupe avant de déguster ou, au contraire, laissez-la refroidir complètement avant de la mettre au réfrigérateur pour la proposer fraîche. Servez dans des bols avec les garnitures de votre choix.

PRÉPARATION	CUISSON	POUR	SMARTPOINTS	CALORIES
20 MINUTES	15 MINUTES	4 PERSONNES	9 PAR PORTION	331 PAR PORTION

BOUILLON DE POULET MAISON

INGRÉDIENTS :	PRÉPARATION
1,3 kg de poulet (ailes, cuisses et dos) 1 oignon de taille moyenne, émincé 3 gousses d'ail entières, pelées 1 feuille de laurier ½ c. à thé de sel	Retirez la peau et la graisse du poulet et coupez-le en morceaux de 5 cm. Mélangez tous les ingrédients dans une cocotte. Recouvrez d'eau (environ 3 litres). Portez à ébullition à feu vif, en écumant la mousse qui pourrait se former. Baissez la température pour que le feu soit doux et laissez mijoter à petits bouillons sans couvercle pendant 3 heures, en remplissant la cocotte d'eau frémissante si son niveau baisse trop. Retirez du feu, filtrez avec une passoire et jetez les aliments solides. Laissez le bouillon refroidir complètement, puis écumez et jetez la couche de gras. Répartissez le bouillon dans des boîtes hermétiques. Il peut se conserver jusqu'à trois jours au réfrigérateur et trois mois au congélateur.

PRÉPARATION	CUISSON	POUR FAIRE ENVIRON	SMARTPOINTS	CALORIES
5 MINUTES	3 HEURES	250 CL 10 TASSES	3 PAR PORTION	86 PAR PORTION

BOUILLON DE LÉGUMES

INGRÉDIENTS	PRÉPARATION
2 oignons de taille moyenne, émincés 2 poireaux, y compris parties vert foncé, coupés en rondelles et bien rincés 3 grosses carottes, coupées en rondelles 3 branches de céleri, coupées en rondelles 10 gousses d'ail, pelées et écrasées 0,5 cl (1 c. à thé) d'huile d'olive vierge extra 1 navet de taille moyenne, émincé 2 panais de taille moyenne, émincés 2 tomates de taille moyenne, émincées 2 feuilles de laurier 5 branches de thym frais 35 g (1 tasse) de persil frais grossièrement ciselé 3 l (12 tasses) d'eau 1 c. à thé de poivre noir en grains 1 c. à thé de sel de mer	Mélangez les oignons, les poireaux, les carottes, le céleri, l'ail, l'huile et le sel dans un grand faitout ou une cocotte. Couvrez et laissez cuire le tout à feu moyen-doux pendant environ 20 minutes, en mélangeant de temps à autre, jusqu'à ce que les légumes soient tendres, mais pas dorés. Ajoutez le reste des ingrédients, y compris l'eau, augmentez l'intensité du feu pour qu'il soit vif, puis couvrez partiellement le faitout et faites frémir. Baissez l'intensité du feu de manière à n'avoir plus qu'un léger frémissement et laissez mijoter pendant 1 heure. Retirez du feu et filtrez le bouillon à l'aide d'un tamis fin, sans écraser les morceaux de légumes. Jetez les aliments solides. Laissez refroidir complètement le bouillon et répartissez-le dans des boîtes hermétiques. Il peut se conserver jusqu'à quatre jours au réfrigérateur et un mois au congélateur.

PRÉPARATION	CUISSON	POUR FAIRE ENVIRON	SMARTPOINTS	CALORIES
30 MINUTES	80 MINUTES	250 CL 10 TASSES	2 PAR PORTION	89 PAR PORTION

« QUAND VOUS INVITEZ DES GENS CHEZ VOUS, VOUS LES INVITEZ À VOUS DÉCOUVRIR. »

— OPRAH WINFREY

CHAPITRE

2

AVEZ-VOUS *VRAIMENT* FAIM ?

CHAPITRE 2

AVEZ-VOUS *VRAIMENT* FAIM ?

À L'ÉPOQUE OÙ JE COMMENÇAIS TOUT JUSTE SUR WJZ-TV À BALTIMORE,

j'avais un corps que j'aimais bien (60 kg tout rond) et une collègue et future meilleure amie (pour de vrai) du nom de Gayle King. Malheureusement, j'avais aussi un besoin puissant de plaire à tout le monde à n'en plus finir et j'habitais juste en face d'un centre commercial avec une aire de fast-food gigantesque. Après toute une journée à couvrir des sujets qui bien souvent m'épuisaient, et à dire oui alors qu'il fallait que je dise non, j'allais rôder dans cette aire de restauration, en commençant d'un côté par une pomme de terre au four avec du fromage et du bacon et en finissant de l'autre avec un cookie géant aux pépites de chocolat et à la noix de macadamia. Quand la balance a affiché 63 kg, j'ai consulté un diététicien.

Les comprimés qu'il m'a prescrits m'ont rendu folle ; ma bouche se desséchait et mon cœur battait très fort. Je ne pouvais pas dormir, je ne pouvais pas penser et je ne pouvais certainement pas continuer à prendre ce traitement. En revanche, je pouvais continuer à passer par l'aire de restauration.

En 1984, quand j'ai quitté le Maryland pour Chicago, j'avais huit ans et 20 kg de plus qu'à mon arrivée. Je me suis juré d'utiliser le déménagement comme prétexte pour prendre un nouveau départ : quiconque allumerait sa télévision pour me regarder dans *A.M. Chicago* verrait une femme qui prenait sa perte de poids au sérieux. Mais il y avait un problème : plus j'étais au régime, plus je prenais du poids et plus je prenais du poids, plus je mangeais.

Mon corps comme ma carrière prenait de l'ampleur. J'ai même été invitée dans *The Tonight Show* – mes débuts sur la télévision nationale. Wow ! La date était marquée sur tous les agendas de ma famille, le billet d'avion était en première classe, l'hôtel avait cinq étoiles, la Californie baignait de soleil, Joan Rivers était l'animatrice et j'étais prête !

L'introduction de Joan est géniale. Je vais du rideau au canapé sans trébucher – tout va bien. Je me lance dans mon anecdote amusante concernant ma victoire au concours de beauté Miss Fire Prevention. Tout se passe bien, je prends mes marques et voilà ce

Miss Fire Prevention, 1972

qui arrive : Joan Rivers me pose la seule question à laquelle je ne m'étais pas préparée : « Alors, comment avez-vous fait pour prendre tout ce poids ? »

Attendez deux minutes – venait-elle vraiment de se servir de mes débuts à la télévision nationale pour me demander pourquoi j'étais si grosse ? Le plateau a commencé à tourner. Le mot grosse... grosse... GROOOOSSE résonnait dans ma tête. Joan s'est assise derrière le bureau de Johnny, en me disant qu'elle ne voulait pas entendre mon prétexte et que je n'aurais pas dû laisser cela se produire. Le public a ri pendant qu'elle me pointait avec son doigt à la manucure irréprochable, en faisant remarquer que j'étais toujours « une jeune fille célibataire » et en me mettant au défi de revenir avec 7 kg de moins la prochaine fois qu'elle présenterait l'émission. Et pendant ce temps, j'étais juste là, à sourire, alors que je n'avais qu'une seule envie : me cacher.

Je suis rentrée à Chicago et j'ai commencé mon prochain régime, celui qui allait... quoi ? Impressionner Joan et toute l'Amérique ? Pour qu'on m'estime et qu'on me respecte ? Si tout ce que j'avais à faire pour que tout le monde se rende compte de combien je méritais mon succès, c'était de perdre 7 kg, alors en route pour le régime !

Et c'était reparti. Je les ai tous essayés : les régimes soupe au chou, pamplemousse, South Beach (ou Miami), Scarsdale, Atkins, rentrer-dans-cette-robe-Vera-Wang-à-tout-prix, le régime liquide, le frugivore de Beverly Hills. La totale – j'ai pelé, épluché, épépiné et pressé.

Le plus énervant, c'est que j'étais assez douée en matière de régime. J'arrivais à perdre ces kilos – je n'arrivais juste pas à faire en sorte qu'ils ne reviennent pas. Et quand ils finissaient par revenir, c'était avec quelques autres en plus. Tout ça n'a pris fin que lorsque j'ai atteint 107 kg.

Si on me demandait pourquoi je mangeais, je poussais un rire forcé et répondais que c'était parce que j'adorais la nourriture. Beaucoup de gens

Gayle King était, est et sera toujours ma meilleure amie.

Peu de temps après avoir commencé à animer A.M. Chicago, nos spectateurs ont appelé cette émission The Oprah Show ! D'où le changement de nom.

Pendant des années, le frigo et moi avons été en guerre. Maintenant, nous sommes chaque jour en pourparlers de paix.

Stedman Graham représente tant pour moi. Il est surtout la personne pour laquelle je préfère cuisiner !

aiment la nourriture sans devenir obèses. Alors pourquoi ? Est-ce que j'avais vraiment faim ?

Un soir, deux mois après avoir commencé mon jeûne de quatre mois, je suis rentrée chez moi, prête à laisser tomber et à manger tout ce qui me tombait sous la main. J'étais là, dans ma cuisine, à reluquer les restes de Stedman. Au moment où il est entré dans la pièce, il a vu que j'étais prête à craquer et a dit : « Viens là que je te fasse un câlin. » C'était tout ce dont j'avais besoin.

Je crois que Bruce Springsteen avait vu juste : « Tout le monde a un cœur à nourrir. » Et peut-être que ce que nous cherchons, c'est juste à faire un grand plein d'amour inconditionnel. Quand j'étais jeune fille, il n'y en avait pas toujours assez pour tout le monde. Une fois adulte, je me suis rendue compte que, même quand les gens ont le temps et la force de s'occuper de nous, l'attention la plus intime doit finalement venir de notre acceptation et de la réalisation de notre propre vérité intérieure. Quand je suis émotionnellement épuisée, dépassée par les pressions du quotidien, la nourriture a toujours été mon remède – tout comme ça peut être le cas avec l'alcool, les jeux d'argent ou le shopping pour d'autres. Ces substituts ne sont jamais des solutions, seulement de fausses promesses. Ils ne rassasient pas et sont un peu comme de la malbouffe pour l'esprit.

Quand je réussis à nourrir mon corps et mon esprit avec ce qui a de l'importance, mon alimentation a tendance à être moins compliquée. Ce sont des moments où j'ai juste envie d'un bon plat, d'une tequila à siroter et d'une conversation avec quelques amis.

Les recettes présentes dans ce chapitre font de merveilleux repas. Ce sont des plats réconfortants, revisités pour en faire des variantes plus saines que les originales. Le poulet à l'étouffée n'est plus vraiment cuit à l'étouffée, la lasagne se retrouve avec de fines tranches de légumes à la place des pâtes et même la recette de poulet frit d'Art Smith a été revue pour réduire les calories. Je ne sais pas ce qu'il en est du dessert, mais vous pouvez faire votre purée sans complexe – même la manger !

ÉCRASÉE DE CHOU-FLEUR ET DE POMMES DE TERRE

Tout le monde dit toujours que la mousseline de chou-fleur a exactement le même goût que la purée de pommes de terre. Eh bien, devinez quoi ? La mousseline de chou-fleur a exactement le même goût que... la mousseline de chou-fleur. Un jour, j'étais là en train de fixer mon assiette de chou-fleur et je me suis dit : et si, au lieu d'écraser une tête de chou-fleur pour essayer de te duper, tu n'essayais pas d'ajouter une pomme de terre ou deux ? Il s'avère que le chou-fleur prend alors le goût de la pomme de terre. Ça alors, n'est-ce pas ? Des gens ont mangé chez moi cette écrasée de chou-fleur et pommes de terre sans même se rendre compte qu'il y avait du chou-fleur. Ça donne un peu l'impression d'avoir réussi à déjouer le système !

INGRÉDIENTS

1 tête de chou-fleur blanc ou jaune de taille moyenne

2 pommes de terre bintje de taille moyenne, pelées et coupées en deux

15 g (1 c. à soupe) de beurre

1 c. à thé de romarin frais finement ciselé

3 g (1 c. à soupe) de ciboulette fraîche finement ciselée

Sel de mer

1 c. à thé de poivre noir fraîchement moulu

J'adore la purée de pommes de terre, mais si j'en mange trop, elle ne me rend pas la pareille.

PRÉPARATION

Retirez le pied et les feuilles qui enveloppent le chou-fleur et divisez la tête en 8 à 10 sections.

Remplissez une grande casserole d'eau et salez généreusement. Ajoutez les pommes de terre et portez à ébullition à feu vif. Baissez l'intensité du feu pour garder un bon frémissement et laissez mijoter pendant 10 à 15 minutes, jusqu'à ce que les tubercules soient tendres. À l'aide d'une écumoire, sortez les pommes de terre de l'eau pour les transférer dans une passoire. Mettez le chou-fleur dans l'eau, faites de nouveau frémir et laissez cuire pendant 7 à 10 minutes, jusqu'à ce qu'il soit tendre. Retirez le chou-fleur de la casserole et mettez-le avec les pommes de terre. Jetez l'eau avant de remettre les pommes de terre et le chou-fleur dans la casserole. Ajoutez le beurre, le poivre et le romarin, puis écrasez les légumes à l'aide d'un presse-purée de manière à obtenir une écrasée grossière. Salez et servez avec un peu de ciboulette pour décorer.

PRÉPARATION	CUISSON	POUR	SMARTPOINTS	CALORIES
10 MINUTES	15 MINUTES	6 PERSONNES	2 PAR PORTION	98 PAR PORTION

POULET À L'ÉTOUFFÉE DE MAYA

Ma très chère amie Maya Angelou a fait cette recette quand je lui ai rendu visite en Caroline du Nord. Maya était une cuisinière extraordinaire. Peu importe ce qu'elle préparait, j'avais toujours l'impression de retourner chez moi pour rendre visite à ma grand-mère. Cette recette était ma préférée.

INGRÉDIENTS

- 2 poulets moyens (de 1,3 kg)
- Jus de 2 citrons
- 110 g (½ tasse) de beurre doux
- 12,5 cl (½ tasse) d'huile végétale, et plus si besoin
- 125 g (1 tasse) de farine de blé T55 ou T65
- 2 oignons moyens, coupés en rondelles
- 450 g de champignons de Paris, coupés en lamelles
- 1 gousse d'ail hachée
- 50 cl (2 tasses) de bouillon de poulet maison (page 42)
- ½ c. à thé de sel, selon votre convenance
- ½ c. à thé de poivre noir fraîchement moulu, à ajuster à votre convenance

C'est le plat de mon enfance dont je me souviens le mieux. Ma grand-mère le préparait et le servait sur du riz vapeur quand les invités du dimanche venaient dîner.

PRÉPARATION

Nettoyez, puis séchez les poulets avec un essuie-tout. Découpez chacun d'eux en morceaux et mettez-les dans un saladier. Arrosez de jus de citron, puis couvrez d'eau. Réservez au réfrigérateur pendant 1 heure.

Faites fondre le beurre dans l'huile dans une poêle à feu vif.

Égouttez les morceaux de poulet, puis séchez-les avec de l'essuie-tout. Salez et poivrez. Mettez 95 g (¾ de tasse) de farine dans une assiette creuse. En procédant en plusieurs fois, roulez les morceaux de poulet dans la farine et secouez-les pour retirer l'excédent.

En procédant en plusieurs fois, mettez les morceaux de poulet dans la poêle et faites-les cuire 5 minutes par côté, jusqu'à ce que la peau soit dorée et croustillante. Transférez-les dans une assiette. Ajoutez éventuellement de l'huile dans la poêle.

Prélevez 6,5 cl (¼ de tasse) de matière grasse de la poêle pour la verser dans une grande casserole. Faites chauffer à feu moyen et ajoutez le reste de farine, puis faites cuire 5 minutes, en mélangeant constamment, jusqu'à ce qu'un roux légèrement doré se forme. Ajoutez les oignons, les champignons et l'ail, et poursuivez la cuisson environ 10 minutes, en mélangeant constamment et en raclant les bords de la casserole, jusqu'à ce que les légumes soient tendres. Remettez le poulet dans la casserole et versez le bouillon. Augmentez le feu pour qu'il soit vif, faites frémir la préparation, puis baissez de nouveau la température et laissez mijoter 25 minutes, en mélangeant souvent pour décoller les morceaux qui resteraient accrochés au fond. Le poulet doit être bien cuit et la sauce assez épaisse pour napper une cuillère. Salez et poivrez avant de servir.

PRÉPARATION	CUISSON	POUR	SMARTPOINTS	CALORIES
15 MINUTES	50 MINUTES	8 PERSONNES	15 PAR PORTION	536 PAR PORTION

MON POULET À L'ÉTOUFFÉE (POINTS RÉDUITS)

AVEC L'AIMABLE AUTORISATION DU CHEF KENNY GILBERT

Je me demandais s'il était possible de rendre le poulet à l'étouffée de Maya moins... étouffé. Et c'est possible ! Au lieu d'utiliser beaucoup de farine et de beurre, on fait complètement fondre l'oignon, pour que la sauce soit d'origine végétale. Si la fenêtre de la cuisine est ouverte, vous pouvez sentir l'odeur du poulet en train de cuire quand vous entrez dans la cour.

Ce plat a le parfum du dimanche. Il me semble que je suis assise prête à réciter le bénédicité.

INGRÉDIENTS

Poulet rôti

16 pilons de poulet
1,5 cl (1 c. à soupe) d'huile végétale
1 c. à soupe de graines de céleri
1 c. à soupe de coriandre en poudre
1 c. à soupe de flocons de piment rouge
1 c. à soupe de gros sel
1 c. à soupe de poivre noir moulu

Liquide de braisage

1 l de bouillon de poulet maison (page 42)
0,5 cl (1 c. à thé) d'huile végétale
135 g (1 tasse) d'oignon, coupé en dés
135 g (1 tasse) de carotte, coupée en dés
120 g (1 tasse) de céleri, coupé en dés
1 c. à soupe de graines de céleri
1 c. à soupe de coriandre en poudre
1 c. à thé de flocons de piment rouge écrasés
2 feuilles de laurier
2 c. à thé de thym frais ciselé
1 c. à soupe de gros sel
1 c. à thé de poivre noir moulu

PRÉPARATION

Rôtissage du poulet : Préchauffez le four à 260 °C (500 °F). Mettez les pilons de poulet dans un saladier et arrosez-les d'huile. Dans un bol, mélangez les graines de céleri, la coriandre, les flocons de piment rouge, le sel et le poivre noir. Ajoutez les pilons et enrobez-les d'épices. Transférez les pilons sur une plaque de cuisson et faites-les cuire au four pendant 15 à 20 minutes, en les retournant une fois, jusqu'à ce qu'ils commencent à dorer. Retirez les pilons du four et baissez la température à 150 °C (300 °F).

Pendant que les pillons rôtissent, préparez le liquide de braisage : Versez le bouillon de poulet dans une casserole de taille moyenne. Faites chauffer à feu moyen jusqu'à ce qu'il soit chaud, sans le laisser bouillir. Faites chauffer l'huile dans une sauteuse à feu moyen-vif. Ajoutez les ingrédients restants dans la sauteuse et faites-les revenir environ 5 minutes, jusqu'à ce que les légumes soient tendres. Retirez les feuilles de laurier et transférez les légumes dans un blender. Ajoutez le bouillon de poulet chaud et mixez jusqu'à obtenir une texture lisse.

Préparation du poulet à l'étouffée : Transférez les pilons dans une grande rôtissoire. Versez le liquide de braisage dessus, recouvrez d'aluminium et mettez à cuire au four 60 à 75 minutes, jusqu'à ce que la sauce bouillonne et soit assez épaisse pour napper une cuillère. Sortez la rôtissoire du four, laissez reposer pendant 10 minutes. Servez avec du riz complet. Vous pourrez conserver le poulet jusqu'à 3 jours au réfrigérateur.

PRÉPARATION	CUISSON	POUR	SMARTPOINTS	CALORIES
15 MINUTES	80 MINUTES	8 PERSONNES	8 PAR PORTION	390 PAR PORTION

Il se marie aussi très bien avec un bol de chili de dinde.

PAIN DE MAÏS ALLÉGÉ

J'ai envie de me sentir bien. J'ai envie d'être belle. Mais pas question de renoncer au pain de maïs. Heureusement, je n'aime pas quand il est très dense. Mon pain de maïs est fin et croustillant juste au niveau de la croûte. J'apprécie quand les bords craquent sous la dent et quand il y a un peu de maïs et de jalapeño dans l'histoire.

INGRÉDIENTS

Huile d'olive vierge extra en spray

35 g (1/4 de tasse) d'oignon jaune, coupé en dés

80 g (1/2 tasse) de grains de maïs frais ou décongelés

2 c. à soupe de piments jalapeño épépinés et finement taillés en dés

65 g (1/2 tasse) de farine de blé tout usage T55 ou T65

2 c. à thé de sucre

2 c. à thé de levure chimique

1/4 de c. à thé de bicarbonate de soude

160 g (1 tasse) de farine de maïs moulue à la meule de pierre

19 cl (3/4 de tasse) de lait ribot

1 gros œuf battu

3 cl (2 c. à soupe) d'huile de pépins de raisin

1/2 c. à thé de sel de mer fin

PRÉPARATION

Préchauffez le four à 205 °C (400 °F). Vaporisez une petite poêle antiadhésive d'huile en spray et faites-la chauffer à feu moyen-vif. Ajoutez l'oignon, le maïs et les piments jalapeño, puis faites revenir environ 5 minutes, jusqu'à ce que le maïs soit légèrement grillé. Transférez les légumes dans un bol et laissez-les refroidir.

Tamisez la farine, le sucre, la levure chimique, le bicarbonate de soude et le sel dans un bol de taille moyenne. Ajoutez la farine de maïs et fouettez les ingrédients pour les mélanger.

Dans un autre bol, fouettez le lait ribot, l'œuf et l'huile. Incorporez les ingrédients humides aux ingrédients secs et mélangez l'ensemble avec une cuillère en bois. Incorporez la préparation à base de maïs.

Huilez une poêle en fonte de 25 cm avec de la matière grasse en spray avant d'y verser la préparation du pain de maïs. Égalisez et aplanissez le dessus avec une spatule en métal. Enfournez pour 15 minutes, ou jusqu'à ce que le pain soit légèrement doré et que le centre soit juste ferme au toucher. Retirez la poêle du four et posez-la sur une grille ou un dessous-de-plat. Laissez refroidir un peu avant de découper et de servir. Le pain de maïs peut se conserver jusqu'à une semaine au réfrigérateur, enveloppé dans du film alimentaire.

PRÉPARATION	CUISSON	POUR	SMARTPOINTS	CALORIES
15 MINUTES	15 MINUTES	8 PERSONNES	5 PAR PORTION	152 PAR PORTION

Si vous avez des restes de pain de maïs, coupez-les en dés et asséchez-les au four pour en faire de délicieux croûtons.

Deux fois par an, je sacrifie presque un jour entier de points pour en prendre deux morceaux.

POULET RÔTI AU LAIT RIBOT D'ART SMITH

Art Smith sert son poulet frit à des personnes du monde entier. Il l'a préparé pour les Palestiniens et les Israéliens, il en a même fait sur la place Tian'anmen. Apparemment, la seule chose sur laquelle tout le monde est d'accord sur cette terre, c'est que le poulet frit d'Art est l'un des meilleurs du monde.

INGRÉDIENTS

Saumure

- 4 litres d'eau froide
- 3 branches de romarin frais
- 5 branches de thym frais
- 4 gousses d'ail écrasées et pelées
- 2 feuilles de laurier
- 6 c. à soupe (½ tasse) de gros sel
- 1 c. à thé de poivre noir en grains

Poulet

- 2 poulets (de 1,5 à 1,8 kg), coupés en 10 morceaux
- 1 litre de lait ribot
- Huile de colza

Dorure

- 6 gros œufs
- 1,5 cl (1 c. à soupe) de sauce piquante
- 2 c. à thé de sel de table
- 2 c. à thé de poivre noir moulu

Chapelure

- 250 g (2 tasses) de farine de blé
- 375 g (3 tasses) de farine levante
- 1 c. à soupe d'ail en poudre
- 1 c. à soupe d'oignon en poudre
- 2 c. à soupe de paprika
- ½ c. à thé de piment de Cayenne
- 2 c. à thé de thym séché
- 1 c. à soupe de sel de table

PRÉPARATION

Préparation de la saumure : Dans une cocotte, mélangez 50 cl (2 tasses) d'eau avec le sel. Portez à ébullition à feu moyen-vif, en mélangeant pour dissoudre le sel. Ajoutez le reste d'eau ainsi que le poivre noir en grains, le romarin, le thym, l'ail et le laurier. Transvasez dans un récipient pouvant contenir le poulet et la saumure.

Préparation du poulet : Mettez le poulet dans la saumure, couvrez et laissez au réfrigérateur au moins 12 heures. Retirez les morceaux de poulet de la saumure et secouez-les pour retirer les épices qui s'y seraient collées. Videz la saumure du récipient, ajoutez le lait ribot pour y immerger les morceaux de poulet. Couvrez et laissez au réfrigérateur 4 à 6 heures.

Préparation de la dorure à l'œuf : Dans un grand saladier, fouettez les œufs, la sauce piquante, le sel et le poivre. Égouttez les morceaux de poulet du lait ribot et placez-les dans le saladier, en les retournant pour qu'ils soient bien recouverts.

Préparation de la chapelure : Dans un autre saladier, fouettez la farine tout usage, la farine levante, l'ail et l'oignon en poudre, le sel, le paprika le piment de Cayenne et le thym. Répartissez le mélange dans une assiette creuse ou sur une plaque de cuisson. Retirez les morceaux de poulet de la dorure deux par deux, en laissant s'égoutter le liquide. Roulez-les dans le mélange farineux, secouez pour retirer l'excédent de farine (c'est une étape importante pour réussir la friture) et disposez le poulet sur une grille. Faites de même avec le reste de la viande.

Friture du poulet : Versez un fond de 2-3 cm d'huile dans une grande poêle en fonte. Faites-la chauffer à feu moyen jusqu'à ce que le thermomètre à friture indique 162 °C (325 °F). Plongez 4 à 6 morceaux de poulet dans l'huile, en veillant à ce qu'ils ne se touchent pas. Faites frire les morceaux 12 à 15 minutes, jusqu'à ce qu'ils soient dorés et croustillants et qu'un thermomètre inséré dans la partie la plus épaisse d'un morceau indique 74 °C (165 °F). Pendant la cuisson, utilisez une pince pour les retourner toutes les 2 minutes, en baissant un peu la température si les morceaux dorent trop vite et en laissant assez de temps à l'huile pour remonter à 162 °C avant de passer à la tournée suivante. Au fur et à mesure des tournées, transférez les morceaux de poulet dans une assiette avec de l'essuie-tout pour absorber l'excédent d'huile. Répétez le processus jusqu'à ce que tous les morceaux de poulet soient frits. Disposez les morceaux de viande sur deux grands plateaux et servez.

PRÉPARATION	CUISSON	POUR	SMARTPOINTS	CALORIES
20 MINUTES (PLUS UNE NUIT DANS LA SAUMURE)	12-15 MINUTES	10 PERSONNES	21 PAR PORTION	749 PAR PORTION

Pour une fille qui a grandi dans le Sud, dire adieu à la friture n'a pas été chose facile au début. Ici, on a le croustillant mais sans les calories.

POULET SANS FRITURE D'ART SMITH

Si vous n'avez pas envie des calories du poulet frit d'Art Smith, son poulet sans friture est une alternative assez géniale – il est super croustillant. Dès la première bouchée, il y a cette couche, craquante comme on l'aime sur le dessus, et la viande fumante, tendre et juteuse à l'intérieur. Je vous laisse le découvrir.

INGRÉDIENTS

- 25 cl (1 tasse) de lait ribot
- 1,5 cl (1 c. à soupe) de sauce piquante Louisiana ou de sauce piquante de votre choix
- 2 blancs de poulet coupés en deux
- 2 cuisses de poulet
- 2 pilons de poulet
- 1 ½ tasse de chapelure Panko® aux céréales ou au blé complet
- 3 c. à soupe de parmesan râpé
- 1 c. à thé de piment de Cayenne en poudre
- 1 ½ c. à thé d'oignon en poudre
- 1 ½ c. à thé d'ail en poudre
- 1 c. à thé de paprika fumé
- 1 c. à thé de sel
- 2 c. à thé de poivre noir fraîchement moulu
- Facultatif : 1 citron coupé en quartiers

PRÉPARATION

Dans un saladier, fouettez le lait ribot et la sauce piquante. Immergez les morceaux de poulet dans ce mélange, couvrez et mettez au réfrigérateur au moins 1 heure mais pas plus de 24 heures.

Préchauffez le four à 205 °C (400 °F). Dans un grand sachet de congélation, mélangez la chapelure Panko®, le parmesan, le poivre noir, le piment de Cayenne, l'oignon et l'ail en poudre, le paprika fumé et le sel. Fermez le sachet et secouez-le pour mélanger tous les ingrédients.

Retirez les morceaux de poulet du lait ribot, laissez le liquide s'égoutter et transférez-les directement dans le sachet avec la chapelure. Secouez le contenant pour enrober uniformément les morceaux de poulet. Retirez-les du sachet et disposez-les à plat sur une plaque de cuisson antiadhésive. Mettez à cuire au four entre 20 et 30 minutes, jusqu'à ce qu'ils soient bien cuits. Disposez les morceaux de poulet dans des assiettes. Servez avec des quartiers de citron, si vous le souhaitez.

Vous pouvez procéder de la mên manière pour n'importe quelle autre viande que vous décidez de ne pas faire frire !

PRÉPARATION	CUISSON	POUR	SmartPoints	CALORIES
10 MINUTES (PLUS LA MARINADE)	30 MINUTES	4 PERSONNES	11 PAR PORTION	436 PAR PORTION

LASAGNE À LA DINDE

Je pensais avoir dit adieu aux lasagnes, mais quand j'ai essayé ce plat pour la première fois c'était *génialissime* ! J'ai examiné mon plat et dit : « Mais où est-ce que tu étais pendant toute ma vie ? ! » Le secret, c'est soit d'acheter une viande maigre de dinde fermière de première qualité ou du blanc de dinde désossé et sans la peau, et de le hacher vous-même au robot culinaire.

INGRÉDIENTS

Sauce

350 g de blanc maigre de dinde fermière

2 c. à thé d'ail semoule

2 c. à thé d'oignon semoule

½ c. à thé de fenouil en poudre

3 c. à soupe de persil plat frais finement ciselé

1 ½ c. à soupe de basilic frais finement ciselé

1 cl (2 c. à thé) d'huile d'olive vierge extra

1 oignon de taille moyenne, finement taillé en dés

1 ½ c. à soupe d'ail frais haché

8,5 cl (⅓ de tasse) de vin blanc sec

2 boîtes de 800 g de tomates entières, de préférence allongées, avec le jus

2 c. à thé de sel

¾ de c. à thé de poivre noir fraîchement moulu

1 pincée de bicarbonate de soude (facultatif)

« Pâtes » à lasagne

2 grosses courgettes ou courges d'été (jaunes)

1 navet, rutabaga, ou céleri-rave pelé

1 grosse aubergine allongée, pelée ou non

1 sachet de 225 g de mozzarella râpée

PRÉPARATION

Préparation de la sauce : Mettez la dinde dans un saladier. Ajoutez l'ail et l'oignon semoule, le fenouil, le persil, le basilic, le sel et le poivre, puis mélangez à la main jusqu'à ce que l'assaisonnement soit homogène.

Dans une casserole, faites chauffer 0,5 cl (1 c. à thé) d'huile à feu moyen-doux. Ajoutez l'oignon et faites-le revenir 5 minutes, jusqu'à ce qu'il soit tendre mais pas coloré. Incorporez l'ail et poursuivez la cuisson 1 minute, jusqu'à ce qu'il libère ses arômes. Transférez l'oignon et l'ail dans un bol. Augmentez le feu à moyen-vif, ajoutez le reste d'huile, puis la dinde et faites-la revenir 10 minutes, en désolidarisant les morceaux avec une cuillère en bois, jusqu'à ce qu'elle soit cuite à cœur et dorée. Versez le vin et poursuivez la cuisson 3 minutes, jusqu'à ce que le liquide soit absorbé. Remettez l'oignon et l'ail dans la casserole, puis ajoutez les tomates, en les écrasant à la main au fur et à mesure. Faites frémir, puis baissez le feu pour qu'il soit moyen-doux et laissez mijoter 1 heure. Goûtez et ajustez l'assaisonnement. Si la sauce est un peu acide, ajoutez une pincée de bicarbonate de soude plutôt que du sucre.

Assemblage et cuisson au four : Préchauffez le four à 175 °C (350 °F). Tranchez finement les légumes à la mandoline (page 218).

Étalez une couche de sauce (⅕ de la sauce) dans le fond du plat. Saupoudrez ⅕ du fromage. Recouvrez avec la moitié des tranches de courgette. Répétez l'opération 4 fois, en finissant par des courgettes. Ajoutez le reste de sauce et de fromage. Enfournez 45 à 60 minutes, jusqu'à ce que les légumes soient tendres. Passez le four en mode gril. Mettez le plat au-dessus de l'évier et videz l'excédent d'eau (les pâtes de légumes ont une forte teneur en humidité). Mettez la lasagne sous le gril environ 5 minutes, jusqu'à ce que le fromage soit doré et bouillonnant. Sortez le plat du four, laissez-le refroidir 10 minutes avant de servir.

PRÉPARATION	CUISSON	POUR	SMARTPOINTS	CALORIES
1 HEURE	1 HEURE	6 PERSONNES	5 PAR PORTION	261 PAR PORTION

COUSCOUS DE CHOU-FLEUR JAUNE

Ce plat ne contient que du chou-fleur, mais il est émincé si finement que sa texture est exactement la même que celle du couscous. À vrai dire, il est presque difficile de croire que ce n'est pas du couscous. Il n'y a rien de mal avec le couscous – mais 1 tasse (175 g) équivaut à cinq points, tandis qu'1 tasse (325 g) de chou-fleur jaune n'en représente que 2. Je n'ai rien à ajouter !

INGRÉDIENTS

- 1 tête de chou-fleur de taille moyenne
- 1,5 cl (1 c. à soupe) d'huile d'olive vierge extra
- 3 gousses d'ail, hachées
- 1 c. à thé de cumin en poudre
- 1/8 de c. à thé de curcuma en poudre
- Zeste et jus d'1 citron, ou au goût
- 1 c. à soupe d'oignon rouge finement émincé
- 1 piment fresno finement émincé
- 4 olives noires, dénoyautées et finement émincées
- 4 abricots secs, finement émincés
- 1/2 concombre de taille moyenne, pelé, épépiné et finement émincé
- 1 grosse tomate, pelée et finement émincée
- 1 poivron orange de taille moyenne, épépiné et finement émincé
- 40 g (1/4 de tasse) d'amandes Marcona, émincées
- Feuilles d'1 petit bouquet de menthe fraîche, ciselées
- Feuilles d'1 petit bouquet de coriandre, ciselées
- Feuilles d'1 petit bouquet de persil plat, ciselées
- 1 c. à thé de sel de mer fin, ou à votre convenance
- 1/2 c. à thé de poivre noir fraîchement moulu, ou à votre convenance

PRÉPARATION

Retirez la partie centrale du chou-fleur. Ne conservez que les fleurettes. En procédant en deux fois, mixez le chou-fleur par à-coups à l'aide d'un robot culinaire, jusqu'à ce que les granules fassent la taille de grains de couscous, puis transférez-les dans un bol.

Faites chauffer l'huile dans une grande sauteuse antiadhésive à feu moyen. Ajoutez l'ail et faites-le cuire pendant environ 1 minute, jusqu'à ce qu'il libère ses arômes, puis incorporez le cumin et le curcuma et poursuivez la cuisson encore 1 minute environ, jusqu'à ce que les épices embaument la pièce. Ajoutez le chou-fleur et faites cuire le tout pendant environ 5 minutes, en mélangeant de temps à autre, jusqu'à obtenir une cuisson al dente. Transférez le chou-fleur dans un saladier de service et laissez refroidir. Incorporez le zeste et le jus de citron, le sel et le poivre, puis ajoutez l'oignon, le piment, les olives, les abricots, le concombre, la tomate, le poivron et les amandes. Incorporez la menthe, la coriandre et le persil, goûtez et ajustez l'assaisonnement en sel, poivre et/ou jus de citron si besoin. Avant de servir, laissez reposer pendant au moins 30 minutes pour que le couscous s'imprègne de tous les arômes.

PRÉPARATION	CUISSON	POUR	SMARTPOINTS	CALORIES
10 MINUTES	6 MINUTES	6 PERSONNES	2 PAR PORTION	117 PAR PORTION

Le chou-fleur est un légume polyvalent. Il peut être rôti en entier au four, cuisiné en soupe ou purée, et même être grillé à la poêle sous forme de grands "steaks".

Cette recette demande beaucoup de temps, mais elle en vaut vraiment la peine. Voyez-la un peu comme un projet d'art culinaire. Je la sers pour des occasions spéciales, quand je veux impressionner mes invités.

TORTELLINIS À LA TRUFFE

C'est probablement mon plat préféré sur terre – voire dans le système solaire ! J'ai servi ces merveilles crémeuses et fromagères à la truffe lors de mon Selma Legends Ball, ce qui veut dire que j'ai dû en faire des milliers à la main. Bien que tout le monde ait mis la main à la pâte, ce projet nous a pris tout de même deux jours (pour 400 personnes !). Oui, c'est beaucoup de travail et de calories, mais je peux vous promettre que vous oublierez tout ça dès la première bouchée.

INGRÉDIENTS

Pâtes à la truffe

175 g (1 tasse) de semoule de blé, et un peu plus pour fariner le plat

65 g (½ tasse) de farine de blé tout usage T55 ou T65

30 g (¼ de tasse) de farine aromatisée à la truffe

4 gros jaunes d'œuf, et 1 de plus si besoin

0,3 cl (½ c. à thé) d'huile aromatisée à la truffe blanche

0,8 cl (1 c. à thé ½) d'eau froide

½ c. à thé de fleur de sel à la truffe

Garniture à la truffe

12,5 cl (½ tasse) de mascarpone

45 g (½ tasse) de fromage à la truffe surgelé, râpé à l'aide d'un zesteur-râpe

110 g (½ tasse) de ricotta

0,3 cl (½ c. à thé) d'huile aromatisée à la truffe blanche

PRÉPARATION

Préparation de la pâte : Dans un robot culinaire muni d'une lame, mélangez la semoule de blé, la farine tout usage, la farine et le sel à la truffe. Faites tourner le robot par à-coups pour mélanger les ingrédients, puis ajoutez les jaunes d'œuf, l'huile à la truffe et l'eau. Mettez le robot en marche et laissez-le tourner jusqu'à ce qu'une pâte commence à se former. Si cette dernière est très sèche, ajoutez 1 jaune d'œuf. Transférez la pâte sur un plan de travail et pétrissez-la pendant environ 5 minutes, jusqu'à ce qu'elle soit souple. Si besoin, farinez le plan de travail pour éviter qu'elle accroche. La pâte est prête quand elle forme une boule souple et élastique et qu'il ne reste que très peu de bulles d'air quand vous la coupez. Enveloppez-la dans du film alimentaire et réservez pendant 30 à 60 minutes.

Préparation de la garniture : Mettez le mascarpone, le fromage à la truffe, la ricotta et l'huile à la truffe dans un robot culinaire muni d'une lame et faites-le tourner jusqu'à ce que le mélange soit lisse et homogène. Couvrez et réservez au réfrigérateur jusqu'à utilisation.

Abaissage et garnissage de la pâte : Saupoudrez de la semoule de blé sur une plaque de cuisson. Fixez solidement une machine à pâtes au plan de travail et farinez-le. Séparez la pâte en 4 portions, en gardant les morceaux que vous n'utilisez pas enveloppés dans du film alimentaire.

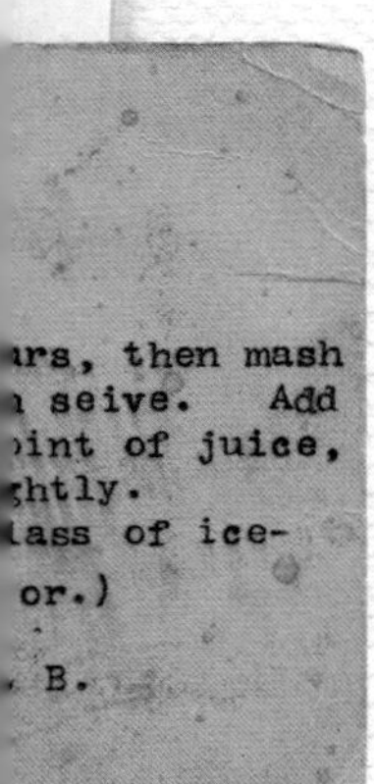

Pas besoin de sauce : la garniture est assez savoureuse et tout ce dont vous avez besoin pour servir, c'est d'un trait d'huile d'olive et d'une pincée de sel et de poivre.

PRÉPARATION (SUITE)

Farinez légèrement la pâte et aplatissez-la, à la main, en un rectangle de 6 mm d'épaisseur ; ajoutez de la farine à tout moment pour éviter que la pâte ne colle.

Mettez la machine à pâtes sur 1 (la plus grosse épaisseur) et passez-y la pâte. Mettez ensuite la machine sur 2 et refaites un tour. Passez à 3 et procédez de même jusqu'à atteindre une épaisseur de 6 ou 7, selon la finesse de pâte que vous désirez. Vous vous retrouverez avec une longue bande de pâte d'environ 15 cm de large.

À l'aide d'une roulette à pizza ou d'un couteau, coupez la pâte en deux dans le sens de la longueur pour obtenir deux rectangles de 7-8 cm de large. Remplissez aux deux tiers une poche à douille munie d'un embout à pointe de 1,2 cm de la garniture. Humidifiez légèrement le bord inférieur de la pâte avec un peu d'eau, puis, à l'aide de la poche à douille, faites une ligne sur toute la longueur de la pâte, en laissant assez de place pour replier correctement la pâte sur la garniture. La ligne doit faire environ 1,25 cm d'épaisseur. Repliez la pâte sur la garniture, puis pressez les bords pour les aplatir en exerçant une pression avec le doigt tout le long. Toujours à l'aide de vos doigts, pincez la pâte en portions individuelles, en laissant environ 2 cm de pâte soudée entre chaque portion.

À l'aide d'une roulette à pâtisserie ou d'un couteau, coupez les portions pour les séparer les unes des autres en partant du bord replié vers le bord aplati et soudé. Mettez les portions découpées sur une plaque de cuisson préalablement saupoudrée de semoule de blé, en recouvrant au fur et à mesure de film alimentaire. Continuez jusqu'à épuisement de la garniture ou de la pâte. À cette étape, la pâte est prête pour la cuisson. (Vous pouvez aussi recouvrir de film alimentaire et laisser au réfrigérateur pendant la nuit). Pour la congélation, laissez les tortellinis couverts sur la plaque de cuisson, puis mettez-les au réfrigérateur pendant 1 heure avant de les transférer dans des sacs à congélation. Vous pourrez conserver les tortellinis ainsi jusqu'à 2 mois.

Cuisson des tortellinis : Portez une grande casserole d'eau salée à ébullition. Plongez-y les tortellinis, quelques-uns à la fois, puis mélangez délicatement pour les empêcher de coller au fond de la casserole ou les uns aux autres. Gardez le feu à une température assez élevée pour que l'eau frémisse et laissez cuire pendant environ 5 minutes, jusqu'à ce que les tortellinis flottent à la surface. Quand ils sont prêts, sortez-les de l'eau à l'aide d'une écumoire et servez-les sans plus attendre.

PRÉPARATION	CUISSON	POUR	SMARTPOINTS	CALORIES
2 ½ HEURES	5 MINUTES	6 PERSONNES	12 PAR PORTION	349 PAR PORTION

TORTELLINIS À LA TRUFFE (POINTS RÉDUITS)

Si cela fait un certain temps que vous évitez les repas décadents, vous pourriez vous sentir un peu dépassé par cette recette. Ces tortellinis-ci sont de légers petits coussins de plaisir – bien moins riches et bien plus sains, ils valent vraiment la peine d'être testés !

INGRÉDIENTS

Pâtes à la truffe (voir page 66)

Garniture

3 cl (2 c. à soupe) d'huile d'olive vierge extra

450 g de champignons sauvages, lavés, équeutés et finement émincés

35 g (1/4 de tasse) d'échalote hachée

25 g (2 c. à soupe) d'ail haché

1 c. à soupe de feuilles de thym frais, ciselées

25 cl (1 tasse) de chablis ou vin blanc sec

2 c. à thé de zeste de truffe Sabatino

1/2 c. à thé de fleur de sel à la truffe

1/4 c. à thé de poivre noir fraîchement moulu

ous pouvez
mplacer
cl (2 c.
soupe) de
ème fraîche
légée par
la gomme
xanthane
guise
épaississant.

Sauce

50 cl (2 tasses) de bouillon de poulet maison (page 42)

1/2 c. à thé de gomme de xanthane

20 g (1/4 de tasse) de gouda à la truffe congelé et râpé au zesteur-râpe

1 c. à soupe de parmesan râpé au zesteur-râpe

0,5 cl (1 c. à thé) d'huile aromatisée à la truffe blanche

1/4 c. à thé de sel aromatisé à la truffe Sabatino

1/8 de c. à thé de poivre noir fraîchement moulu

Garnitures

Parmesan râpé

Copeaux de truffe fraîche

Ciboulette finement ciselée

PRÉPARATION

Préparation de la pâte : Suivez les instructions de préparation de la pâte des tortellinis à la truffe de la page 66 et remplacez la garniture au mascarpone par la garniture aux champignons.

Préparation de la garniture : Faites chauffer l'huile dans une poêle à feu moyen. Faites-y revenir les champignons 5 minutes, ou jusqu'à ce qu'ils s'attendrissent. Ajoutez les échalotes, l'ail et le thym, et poursuivez la cuisson 5 minutes, ou jusqu'à ce que les échalotes soient tendres et translucides. Assaisonnez avec la fleur de sel à la truffe et le poivre, puis le chablis et augmentez le feu à vif. Poursuivez la cuisson 5 à 7 minutes, jusqu'à ce que presque tout le liquide soit évaporé. Éteignez le feu et incorporez le zeste de truffe. Transférez la garniture à base de champignons dans un robot, puis mixez jusqu'à obtenir une texture presque lisse, avec quelques morceaux de champignon. Laissez-la refroidir.

Pendant que la pâte repose, préparez la sauce : Mixez brièvement le bouillon de poulet et la gomme de xanthane. Portez à ébullition à feu moyen-vif dans une petite casserole, puis retirez-la du feu. Incorporez le gouda, le parmesan, l'huile et le sel à la truffe et le poivre au fouet. La sauce doit être légère et napper à peine le dos d'une cuillère. Si ce n'est pas le cas, poursuivez la cuisson quelques minutes pour la faire épaissir. Réchauffez juste avant de servir.

Cuisson des tortellinis : Portez une grande casserole d'eau salée à ébullition. Plongez-y les tortellinis, un peu à la fois, puis mélangez délicatement pour les empêcher de coller au fond de la casserole ou les uns aux autres. Gardez le feu à une température assez élevée pour que l'eau frémisse et laissez cuire 5 minutes, jusqu'à ce que les tortellinis flottent. Quand ils sont prêts, sortez-les avec une écumoire. Servez-les dans des bols. Versez dessus la sauce bien chaude et ajoutez les garnitures de votre choix.

PRÉPARATION	CUISSON	POUR	SMARTPOINTS	CALORIES
30 MINUTES	10 MINUTES	6 PERSONNES	7 PAR PORTION	261 PAR PORTION

Pour réduire facilement le nombre de points, utilisez moins de fromage et d'huile.

PÂTES D'ASPERGES AUX MORILLES ET PESTO D'ASPERGES À LA MENTHE

RECETTE INSPIRÉE PAR LE CHEF JEAN-GEORGES VONGERICHTEN

Jean-Georges concocte ce plat incroyable. Pour réduire le nombre de calories et de points, j'ai quelque peu improvisé. Cette version a les mêmes saveurs et la même texture soyeuse, avec les calories en moins. En été, nous remplaçons parfois les pâtes d'asperges par des spaghettis de courgette faits à l'aide du très pratique spiraleur (page 219).

INGRÉDIENTS

Pesto

18 asperges de taille moyenne, les parties inférieures ligneuses cassées et jetées

45 g (1 tasse) de feuilles de menthe légèrement tassées

6,5 cl (1/4 de tasse) d'huile d'olive vierge extra

3 cl (2 c. à soupe) d'eau froide, ou plus si besoin

1 gousse d'ail, coupée en deux

1 piment vert de Thaïlande, équeuté et coupé en deux

1/4 de c. à thé de sel, ou à votre goût

Pâte

105 g (1 1/2 tasse) de morilles

12 asperges géantes, les parties inférieures ligneuses cassées et jetées

1,5 cl (1 c. à soupe) d'huile d'olive vierge extra

225 g de cheveux d'ange frais

8 feuilles de menthe fraîche, taillées en bandes fines

55 g de fromage Pecorino Romano, râpé au zesteur-râpe

Zeste d'1 citron vert

4 quartiers de citron vert

Sel et poivre noir fraîchement moulu

Vous pouvez utiliser 175 g (1 tasse) de spirales de courgette (seulement la partie blanche) au lieu des 225 g de pâtes.

PRÉPARATION

Préparation du pesto : Faites un bain d'eau glacée en remplissant un saladier d'eau et de glaçons.

Portez une grande casserole d'eau salée à ébullition. Plongez-y les asperges moyennes et faites-les cuire 5 minutes. Sortez-les de l'eau avec une pince (ne videz pas l'eau de cuisson) et transférez-les dans le bain glacé, puis attendez qu'elles refroidissent. Retirez les asperges du bain glacé et séchez-les dans de l'essuie-tout. Coupez-les et mixez les morceaux. Ajoutez la menthe, l'huile, l'eau froide, l'ail, le piment et le sel, puis mixez jusqu'à obtenir une texture lisse, en ajoutant un peu d'eau si la préparation est trop épaisse. Goûtez et ajoutez du sel si besoin.

Préparation des pâtes : Nettoyez les morilles : remplissez un bol d'eau froide, mettez-y les morilles et remuez. Sortez les champignons de l'eau et répétez cette opération deux fois, en changeant l'eau à chaque fois. Séchez les morilles avec de l'essuie-tout et coupez-les en deux dans le sens de la longueur.

Coupez les extrémités des asperges jumbo, puis faites-en de longues bandes de julienne ressemblant à des nouilles avec une mandoline ou un économe en « Y ».

Faites chauffer l'huile dans une grande sauteuse à feu moyen-vif, jusqu'à ce qu'elle commence à fumer. Faites-y revenir les morilles et les pointes d'asperges environ 5 minutes, jusqu'à ce que les aliments soient tendres et dorés.

Portez de nouveau à ébullition l'eau qui a servi à blanchir les asperges. Mettez-y les pâtes et faites-les cuire 30 secondes pour qu'elles soient à peine al dente, en suivant les instructions de l'emballage. Ajoutez les « nouilles » d'asperges et poursuivez la cuisson 30 secondes, jusqu'à ce que les pâtes et les nouilles soient al dente. Égouttez en réservant un peu du liquide de cuisson. Mettez les pâtes et les « nouilles » d'asperges dans la poêle avec les morilles. Salez et poivrez. Mélangez en ajoutant assez de liquide pour humidifier le tout. Incorporez la menthe à la fin.

Répartissez le pesto dans 4 bols, disposez les pâtes au centre et râpez du fromage dessus. Terminez avec le zeste de citron vert. Servez avec les quartiers de citron vert.

PRÉPARATION	CUISSON	POUR	SMARTPOINTS	CALORIES
30 MINUTES	10 MINUTES	6 PERSONNES	9 PAR PORTION	301 PAR PORTION

La cerise sur le gâteau

TROIS DESSERTS POUR UN BONHEUR IMMÉDIAT

Habituellement, je réserve les sucreries pour les vacances et les invités, mais il y a quelques gourmandises que vous ne me verrez jamais refuser. Dévorer les trois desserts que je suis sur le point de partager avec vous ne vous fera pas consommer beaucoup de points. Ils sont simples, traditionnels et tout simplement parfaits avec une tasse de thé, dans une belle assiette et en compagnie d'un ami.

CROSTATA FRAÎCHE À LA CERISE

Je sais que les gens ont tendance à pousser des « oh » et des « ah » quand un gros dessert fondant et élaboré est apporté à table. Personnellement, j'accepterais volontiers tous les jours une part sans prétention de crostata ! Dans ce dessert, les cerises fraîches capturent l'essence de l'été. Cette tarte a l'air si rustique qu'elle aurait dû se retrouver dans **La Petite Maison dans la prairie**.

Fond de tarte

185 g (1 tasse ½) de farine tout usage T55 ou T65
80 g (½ tasse) de farine de maïs
1 c. à soupe de sucre en poudre
170 g (¾ de tasse) de beurre doux froid, coupés en cubes d'1 cm
12,5 cl (½ tasse) d'eau glacée
½ c. à thé de sel

Garniture

1,4 kg de cerises sucrées fraîches, dénoyautées
25 g (2 c. à soupe) de sucre en poudre
2 c. à thé de fécule de maïs
15 g (1 c. à soupe) de beurre doux fondu
25 g (2 c. à soupe) de sucre non raffiné

Dans un bol, fouettez la farine, la fécule de maïs, le sucre et le sel. Ajoutez le beurre et incorporez-le rapidement au mélange d'ingrédients secs avec les doigts, jusqu'à obtenir une texture sablée humide – il ne doit rester que de tout petits morceaux de beurre. Versez l'eau et mélangez jusqu'à ce qu'une pâte se forme. Rassemblez-la pour la transférer sur un plan de travail fariné et pétrissez-la rapidement, jusqu'à ce qu'elle forme une masse lisse. Abaissez la pâte en un disque de 2 cm d'épaisseur, enveloppez-la dans du film alimentaire et placez-la au réfrigérateur au moins 1 heure avant de l'étaler. Vous pouvez préparer la pâte la veille.

Préchauffez le four à 205 °C (400 °F) et tapissez une plaque de papier sulfurisé. Sur un plan de travail fariné, étalez la pâte en un cercle de 38 cm, puis transférez-le sur la plaque préparée.

Mettez les cerises dans un saladier. Dans un bol, fouettez le sucre en poudre et la fécule de maïs, puis ajoutez ce mélange aux cerises. Mélangez avec une cuillère. Disposez les cerises sur la pâte, en laissant 5 cm de marge. Repliez les bords sur les fruits.

Badigeonnez le beurre fondu sur la pâte, puis saupoudrez avec le sucre non raffiné. Enfournez 40 minutes, ou jusqu'à ce que la crostata soit dorée sur le dessus et bouillonnante au milieu. Laissez refroidir pendant 10 minutes sur une grille avant de couper en parts et servir.

POUR 1 CROSTATA (DE 25 CM) | POUR 8 PERSONNES
13 SMARTPOINTS PAR PORTION
418 CALORIES

MINI-GÂTEAUX À LA COMPOTE ÉPICÉE

C'est quand on rentre dans une maison où quelque chose à base de pommes, de cannelle et de clous de girofle est en train de cuire, que l'on sait qu'on est de retour chez soi ! Ma grand-mère faisait des mini-gâteaux dans une poêle en fonte, donc quand Rosie, ma chef de l'époque, en a faits, j'étais juste ravie.

185 g (1 tasse ½) de farine tout usage T55 ou T65
2 c. à thé de bicarbonate de soude
1 c. à thé de cannelle en poudre
1 c. à thé de gingembre en poudre
½ c. à thé de clous de girofle en poudre
30 g (½ tasse) de son de blé
250 g (1 tasse ¼) de compote de pommes non sucrée
50 g (¼ de tasse) de sucre roux
2 gros œufs
6,5 cl (¼ de tasse) d'huile de coco liquide ou de beurre doux fondu
67,5 g (½ tasse) de raisins secs dorés

Vous pouvez remplacer les raisins secs dorés par des groseilles, des myrtilles séchées ou des noix.

Préchauffez le four à 190 °C et foncez une plaque de 12 empreintes à cupcakes de caissettes en papier.

Dans un bol, tamisez la farine, le bicarbonate de soude, la cannelle, le gingembre et les clous de girofle en poudre. Ajoutez le son de blé et fouettez.

Dans un saladier, versez la compote, le sucre roux, les œufs et l'huile de coco ou le beurre fondu, puis fouettez jusqu'à ce que tout soit bien mélangé. Ajoutez les ingrédients secs, puis tournez avec une spatule, jusqu'à ce que la préparation commence à être homogène. Incorporez rapidement les raisins secs. Répartissez la pâte dans les caissettes.

Enfournez 20 minutes, ou jusqu'à ce qu'un cure-dent piqué au centre d'un cupcake ressorte propre. Sortez la plaque et mettez-la sur une grille. Servez-chauds ou à température ambiante avec du beurre ou de la confiture de pommes et une tasse de thé vert au jasmin. Les mini-gâteaux se conservent dans du film alimentaire jusqu'à trois jours à température ambiante ou un mois au congélateur.

POUR 12 PERSONNES
6 SMARTPOINTS PAR PORTION
147 CALORIES

SHORTBREAD À LA LAVANDE

Croustillants, délicats et avec une odeur divine. J'aime que ces biscuits fassent la taille d'une bouchée. Quand je les offre, je les fais plus gros. Nous avons servi ces biscuits au président Obama et à sa femme quand ils sont venus à l'émission, et je suis ravie de pouvoir dire que le Président, la première dame et le shortbread ont remporté un franc succès !

250 g (2 tasses) de farine de blé tout usage T55 ou T65
75 g (½ tasse) de farine de riz blanc ou de fécule de maïs
3 c. à soupe de fleurs de lavande séchées et écrasées
225 g (1 tasse) de beurre doux, à température ambiante
135 g (⅔ de tasse) de sucre, et un peu plus pour saupoudrer
1 gousse de vanille, fendue et dont les graines ont été grattées
Zeste d'1 orange
1 c. à thé de sel

Graissez un moule de 33 x 24 cm. Dans un bol, fouettez la farine de blé, de riz et les fleurs de lavande, puis réservez.

Dans un batteur sur socle muni d'un crochet à pétrir ou dans un saladier avec un batteur à main, mélangez le beurre, le sucre, les graines de vanille, le zeste d'orange et le sel environ 1 minute, jusqu'à obtenir une préparation homogène. Réduisez la vitesse au minimum et ajoutez peu à peu le mélange d'ingrédients secs, en battant jusqu'à ce que la pâte commence tout juste à se former. Foncez le moule à la main de manière à avoir une couche de pâte régulière. Réfrigérez pendant au moins 1 heure et jusqu'à un jour.

Préchauffez le four à 175 °C (350 °F). À l'aide d'une fourchette, piquez le dessus de la pâte pour éviter la formation de bulles. Enfournez 15 minutes. À mi-cuisson, sortez le moule et tapez-le fermement contre le plan de travail pour éliminer les poches d'air. Remettez le moule dans le four et poursuivez la cuisson 15 minutes, ou jusqu'à ce que le shortbread soit légèrement doré et que le centre soit ferme au toucher. Sortez le moule, mettez-le sur une grille et saupoudrez une couche uniforme de sucre sur le dessus. Laissez tiédir 10 minutes, puis coupez le gâteau en carrés. Laissez refroidir complètement avant de servir. Le shortbread peut se conserver dans du film alimentaire jusqu'à une semaine ou deux mois au congélateur.

POUR 48 RECTANGLES DE 2,5 X 5 CM
3 SMARTPOINTS PAR PORTION
71 CALORIES

Ne mélangez pas la pâte trop longtemps : vous obtiendrez un shortbread dense au lieu d'une merveille délicate et sablée.

RÉCONFORT GLACÉ

LA MEILLEURE FAÇON DE SE DÉTENDRE APRÈS LE REPAS

Sorbet à la fraise

Le secret d'un sorbet réussi est d'utiliser des fruits de qualité. Quelle que soit votre recette, utiliser des fruits qui ont mûri sur la plante est la chose la plus importante. Si vous avez de très bons fruits, vous aurez un excellent sorbet. Selon la saison et le type d'événement, nous apportons des variantes. Si nous mangeons italien, nous ajoutons un trait de vinaigre balsamique vieilli ou de poivre noir. Si nous mangeons thaï, nous optons plutôt pour des feuilles de combava (agrume aussi en vente sous les noms de « citron combera » ou de « lime kaffir ») ciselées ou un simple sirop à la citronnelle pour créer un sorbet fraise-citron vert exotique.

Environ 40 fraises fraîches, lavées et équeutées
50 g (1/2 tasse) de sucre en poudre extrafin
0,5 cl (1 c. à thé) de jus de citron frais
1 pincée de fleur de sel

Mixez tous les ingrédients dans un blender haute vitesse jusqu'à obtenir une texture lisse. Transférez dans une boîte hermétique et mettez au réfrigérateur 2 heures, jusqu'à ce que la préparation soit froide. Versez le mélange dans une sorbetière et turbinez-le en suivant les instructions du fabricant.

POUR ENVIRON 1 LITRE | POUR 8 PERSONNES
3 SMARTPOINT PAR PORTION
72 CALORIES

Pourquoi j'aime le sorbet ? Pour différentes raisons : ça nettoie et rafraîchit le palais. Il va de sucré à acidulé. C'est vraiment magnifique. Surtout si vous utilisez la machine à sorbet Breville® (page 218). Même si sa texture est crémeuse, il ne contient pas de produits laitiers qui le rendraient trop riche. Nous aimons bien faire preuve de créativité avec des fruits, des herbes et même parfois une goutte de champagne ! Ce que j'aime le plus dans le sorbet, c'est que même s'il contient plus de sucre qu'une crème glacée (contenu dans les fruits), il n'y a aucune matière grasse. Et ça, c'est génial !

Sorbet à la banane

Nous servons souvent un sorbet à la banane similaire avec des noix grillées et des copeaux de chocolat noir faits au zesteur-râpe.

750 g (4 tasses) de bananes très mûres, coupées en morceaux (5 bananes de taille moyenne)
1,5 cl (1 c. à soupe) de liqueur de banane
1,5 cl (1 c. à soupe) de jus de citron frais
100 g (1/2 tasse) de sucre blond
1 c. à thé de cannelle en poudre
Une pincée de noix de muscade en poudre
Les graines de 1/2 gousse de vanille
6,5 cl (1/4 de tasse) d'eau

Dans une sauteuse antiadhésive de taille moyenne, mélangez les bananes, la liqueur de banane, le jus de citron, le sucre blond, la cannelle et la noix de muscade. Faites frémir à feu moyen en mélangeant pour dissoudre le sucre. Transférez dans un blender, ajoutez les graines de vanille et l'eau, puis mixez jusqu'à obtenir une texture lisse. Laissez tiédir, puis transférez dans une boîte hermétique et réservez au réfrigérateur 2 heures, jusqu'à ce que la préparation soit froide. Mixez le mélange dans un blender haute vitesse jusqu'à obtenir une texture lisse. Versez le mélange dans une sorbetière et turbinez-le en suivant les instructions du fabricant.

POUR ENVIRON 75 CL (3 TASSES) | POUR 6 PERSONNES
3 SMARTPOINTS PAR PORTION
115 CALORIES

Sorbet citron coco

Ce parfum est délicieux mais il représente un nombre de points plus élevé que la plupart des sorbets. Il est super servi dans un verre sous forme de billes réalisées avec une cuillère parisienne et accompagné d'ananas frais.

1 boîte de 42,5 cl de crème de noix de coco, fraîche
25 cl (1 tasse) d'eau de noix de coco, fraîche
Zeste de 2 citrons
12,5 cl (½ tasse) de jus de citron frais

Mixez tous les ingrédients dans un blender haute vitesse jusqu'à obtenir une texture lisse. Versez le mélange dans une sorbetière et turbinez-le en suivant les instructions du fabricant.

POUR ENVIRON 75 CL (3 TASSES) | POUR 12 PERSONNES
8 SMARTPOINTS PAR PORTION
131 CALORIES

Sorbet pêche-gingembre

Ce sorbet rafraîchissant est parfait en été avec des pêches chaudes, rôties et grillées.

750 g (4 tasses) de pêches, coupées en morceaux (6 pêches de taille moyenne)
50 g (½ tasse) de sucre en poudre extrafin
1 c. à soupe de gingembre mariné
1,5 cl (1 c. à soupe) de jus de citron
6,5 cl (¼ de tasse) d'eau
1 pincée de fleur de sel

Mixez tous les ingrédients dans un blender haute vitesse jusqu'à obtenir une texture lisse. Transférez dans une boîte hermétique et mettez au réfrigérateur pendant environ 2 heures, jusqu'à ce que la préparation soit froide. Versez le mélange dans une sorbetière et turbinez-le en suivant les instructions du fabricant.

POUR ENVIRON 1 LITRE | POUR 8 PERSONNES
1 SMARTPOINT PAR PORTION
77 CALORIES

Sorbet lychee-gingembre

1 boîte de 425 g de lychees, avec le sirop, bien frais
12,5 cl (½ tasse) de jus de citron fraîchement pressé, bien frais
19 cl (¾ de tasse) d'eau froide
3 cl (2 c. à soupe) de vodka

Mixez tous les ingrédients dans un blender haute vitesse jusqu'à obtenir une texture lisse. Versez le mélange dans une sorbetière et turbinez-le en suivant les instructions du fabricant.

Ajoutez 1 c. à soupe de gingembre fraîchement râpé à la base de lychee pour faire un sorbet lychee-gingembre. Ce sorbet est parfait servi avec un bol de framboises fraîches.

POUR ENVIRON 75 CL (3 TASSES) | POUR 6 PERSONNES
3 SMARTPOINTS PAR PORTION
56 CALORIES

CHAPITRE

3

LA FOI COMME UN GRAIN DE MOUTARDE

CHAPITRE 3

LA FOI COMME UN GRAIN DE MOUTARDE

IL Y A UNE CITATION DE LA BIBLE QUE J'AI TOUJOURS AIMÉE : « SI VOUS AVIEZ LA FOI GROSSE COMME UN GRAIN DE MOUTARDE, VOUS DIRIEZ À CETTE MONTAGNE : "TRANSPORTE-TOI D'ICI À LÀ", ET ELLE SE TRANSPORTERAIT. »

Avez-vous déjà observé un grain de moutarde ? Nous en avons à la ferme et ils sont *minuscules*. Même à mon poids le plus haut, quand je doutais de mes capacités à reprendre mon alimentation en main, je me raccrochais au plus petit des grains de foi pour me débarrasser de ce poids, ou au moins, tendre vers une meilleure façon de manger. Je l'ai trouvée avec la chef Rosie Daley.

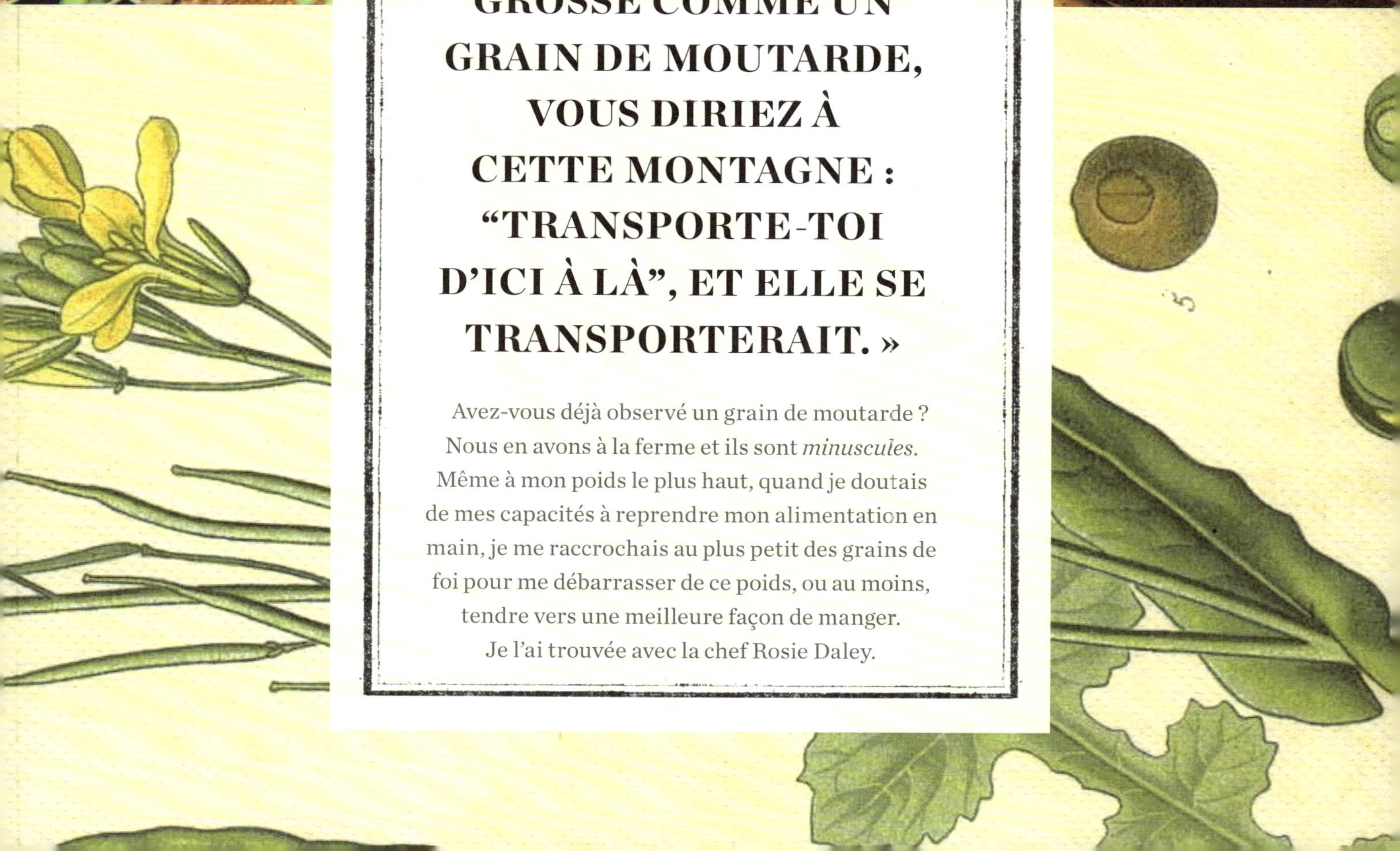

La première fois que j'ai pris un déjeuner qu'elle avait préparé, dans un spa où j'étais de passage, je ne comprenais pas comment une nourriture si fabuleuse pouvait ne contenir que 300 calories. À chaque fois que Rosie cuisinait, je filais vers la cuisine pour découvrir comme elle avait fait pour concocter un plat si pauvre en graisse, en sucre et en sel, et néanmoins délicieux. Les plats de Rosie m'ont convaincue que « l'alimentation saine », comme j'en suis venue à la désigner, était la bonne façon de s'y prendre. Six mois plus tard, je l'ai convaincue que cuisiner pour moi à Chicago était la meilleure chose à faire ! Mes problèmes de régime étaient officiellement résolus. C'est ce que je pensais.

Mais il s'est avéré que manger sain n'était qu'un très bon premier pas sur un chemin bien plus sinueux. Si je voulais vraiment atteindre un poids de santé un jour – et un état d'esprit sain –, j'avais d'autres pas à faire. Littéralement.

J'ai donc décidé d'essayer un autre spa – cette fois-ci dans le Colorado. Quand le directeur de la remise en forme est arrivé, tout ce à quoi je pensais c'était à quel point il devait être déçu de m'avoir sur les bras. (Je faisais partie de ces personnes qui pensent qu'il faut être en forme pour aller dans une salle de sport.) Je n'avais même pas réussi à le regarder dans les yeux ! Si cela avait été le cas, j'aurais vu un homme qui s'intéressait plus à qui j'étais et ce qui m'avait amenée à ce tournant, et je ne m'en serais pas pris à moi-même en faisant des pompes. J'aurais su que j'étais la seule personne à me juger. « Très heureux de vous rencontrer, me dit l'entraîneur. Je suis Bob Greene. »

Nous avons randonné à Bear Creek – plus exactement : j'ai randonné, Bob m'a amadouée. Après avoir marché 4 kilomètres dans un coin perdu de Telluride, nous avons retrouvé notre chemin, en finissant à 3 048 mètres d'altitude. Très vite, Bob m'a fait soulever des poids et utiliser un tapis de course. En revanche, il ne m'a pas fait me peser. Au lieu de faire de mon objectif un chiffre sur la balance, il m'a fait porter mon attention sur une manière d'être plus saine. Au fil de nos excursions quotidiennes, j'ai troqué mon essoufflement contre la marche et la conversation.

Bob m'a expliqué pourquoi j'avais repris mes kilos après les quatre mois de jeûne. Ça avait ralenti mon métabolisme. Or, un métabolisme lent, qui manque d'activité physique,

Rosie Daley a prouvé que les plats sains pouvaient regorger de saveurs. Et Bob Greene m'a fait avancer !

conduit à la prise de poids. « C'est tout simplement de la science », a-t-il dit l'air de rien. Obtenir une explication aussi directe a curieusement soulagé ma culpabilité.

J'ai longtemps cru qu'être en surpoids était un défaut de caractère, mais la génétique, l'environnement, la chimie du cerveau, et oui, même la science de base, jouent aussi un rôle. Ce qui ne veut pas dire qu'il ne faut pas prendre ses responsabilités en matière de santé – au contraire ! Bob m'a fait prendre conscience que je n'avais pas à assimiler le fait d'être grosse avec celui d'être mauvaise. Il m'a aidée à percevoir mes accomplissements, et m'a ainsi montré sous une perspective nouvelle ce que j'avais toujours considéré être des échecs. À la fin de nos trois semaines ensemble, Bob m'avait redonné espoir. Je suis partie de Telluride avec 5 ou 6 kg de moins, et en me sentant plus capable.

De retour au travail, je devais faire face à la pression et au stress qui m'avaient toujours poussée à tendre la main pour attraper tout ce qui pourrait calmer mon anxiété. Cette fois-ci, quand les kilos sont revenus, j'ai plutôt tendu la main pour appeler Bob.

Il est venu. Il a vu. Il m'a demandé de tenir une promesse. S'il déménageait à Chicago pour être mon coach, je devais accepter que l'on s'entraîne 40 minutes chaque jour, peu importe ce qu'il se passait dans ma vie. J'ai accepté.

Grâce à Rosie, j'avais déjà une alimentation pauvre en graisse. Bob me faisait réduire la taille de mes portions, ajouter plus de fruits et de légumes, et boire plus d'eau. La marche rapide que l'on faisait est vite devenue une course à pied ; les 5 kilomètres de course en sont devenus 8, puis 13, puis un semi-marathon.

Tout au long de ma vie, j'avais utilisé mon cerveau, mon talent et mes instincts, mais je n'avais jamais vécu l'excitation d'accomplir quelque chose grâce à l'autodiscipline pure. Je me suis réellement entraînée et ça a réellement fonctionné. Semaine après semaine, je me sentais plus fine, plus tonique, plus forte et de plus en plus sur un petit nuage. J'adoptais une vie plus saine, et ce, de la bonne manière. J'ai d'ailleurs décidé de poursuivre dans ce sens en fêtant mes 40 ans avec un marathon.

Bob m'a prévenue que s'entraîner pour un marathon en tournant deux émissions par jour, ce n'était pas rien. Il ne blaguait pas ! Cela signifiait se réveiller à 4 h 30 pour faire mon sport ; cela voulait dire courir, quoi qu'il arrive. J'étais prête, enthousiaste et capable, jusqu'à ce jour où il s'est mis à pleuvoir. Quand je dis pleuvoir, c'était le déluge. J'ai expliqué que je ne pouvais pas courir sous la pluie pour une très bonne raison : « Ça va ruiner mes cheveux ! » Bob m'a expliqué que l'on courrait quand même, pour une très

Au Marine Corps Marathon, à Washington D.C.

bonne raison : « TU Y VAS ! » Il n'a pas compris le rapport compliqué et émotionnellement stressant entre les cheveux d'une femme noire et la pluie. Comment aurait-il pu ? J'ai commencé à exposer les conséquences culturelles : « Tu ne comprends pas, c'est un... » qu'il a interrompues d'un très logique : « TU Y VAS ! » Nous y sommes allés.

Une pluie froide et drue tombait le jour du marathon, mais grâce à Bob, j'étais préparée. J'ai porté le nombre 40 pour marquer ce qui serait la course de ma renaissance. Je me suis forcée à boire de l'eau. J'ai mesuré ma vitesse dans le but d'atteindre 10,7 km/h. Je n'ai pas accordé la moindre importance aux éclaboussures, aux flaques, aux chaussures trempées, aux monuments de Washington, D.C, là où la course avait lieu, ni aux 15 000 autres coureurs. La foule en délire était floue. Je suis restée concentrée, ainsi que Bob et moi en étions convenus. Au bout du 34e kilomètre, mes mollets étaient durs comme du béton. Au bout du 36e kilomètre, j'avais des palpitations dans les genoux. Au 38e, mes cuisses étaient flageolantes. Au 40e, je n'arrivais plus à faire la différence entre les courbatures et les douleurs. Au 42e kilomètre, tout mon corps menaçait d'imploser. Et pourtant, j'ai continué. Je courais sous la pluie pour les matins où je m'étais levée en haïssant la manière dont je me sentais, pour les nuits où je m'étais couchée en priant de parvenir à trouver un nouveau départ. Je courais pour toutes les confrontations que j'avais toujours évitées, les émotions que j'avais réprimées et les vœux d'anniversaire qui ne s'étaient pas réalisés. Je prenais mes jambes à mon cou.

Dans ma vie, j'ai pu voir des choses magnifiques : dans le Mississippi, des lucioles qui illuminaient le ciel juste devant la maison de ma grand-mère. Les filles de ma South African Leadership Academy, qui progressaient malgré leur jeunesse. Le lever de soleil dans le parc national de Haleakalā sur l'île de Maui. Le Grand Canyon : majestueux et sans pareil. Après quatre heures et vingt-neuf minutes à pousser mon corps à faire ce en quoi seule une partie de moi aussi petite qu'un grain de moutarde croyait, cette ligne d'arrivée était très probablement le plus miraculeux des spectacles. Littéralement, du plaisir pour les yeux.

Ce n'est pas la foi seule qui m'a fait franchir la ligne d'arrivée. C'est la foi renforcée par une alimentation saine. Quand mon corps a commencé à comprendre que je lui donnerais ce dont il avait besoin, il m'a rendu la pareille. Cette leçon a marqué un tournant. Le fait que je n'aie pas besoin de faire de sacrifice pour bien manger, aussi. Rosie et les chefs qui lui ont succédé m'ont appris qu'une alimentation saine n'est pas monotone. Ne me croyez pas sur parole : les recettes qui suivent en sont la preuve !

Bob m'a aidée à moins penser à ma taille et davantage à ma santé. Depuis, nous travaillons ensemble !

Pour l'Oprah Winfrey Leadership Academy for Girls, tout a commencé par une conversation dans le salon de Nelson Mandela et je suis sûre que ça finira avec un monde meilleur !

Le secret d'un poulet rôti réussi, c'est de tamponner la peau pour bien la sécher comme il faut après avoir rincé la saumure. Sinon, la peau n'est pas aussi croustillante.

POULET RÔTI ET SAUMURE

Non seulement la saumure ajoute des arômes et donne plus de jus, mais elle rend aussi le poulet tendre avec une chair qui se décolle des os toute seule. En principe, une saumure se fait avec de l'eau à laquelle on ajoute du sucre, du sel et un mélange d'épices. Pour les recettes Weight Watchers®, je remplace le sucre par un peu de sirop d'agave. Je laisse en général un poulet de 1,6 kg dans la saumure pendant 12 heures, même si on peut le laisser moins longtemps.

INGRÉDIENTS

- 2 branches de thym frais
- 2 branches de romarin frais
- 2 litres d'eau
- 1 branche de céleri, émincée
- 1 petite carotte, émincée
- 1 petit oignon jaune, émincé
- 110 g (½ tasse) de gousses d'ail, pelées et écrasées
- 1 feuille de laurier
- 1 poulet de 1,6 kg, débarrassé du cou et des abats
- 1 c. à thé d'huile d'olive vierge extra
- ⅓ de tasse de sel de mer fin
- 1 c. à thé ½ de grains de poivre entiers

PRÉPARATION

Faites un bouquet garni en attachant le thym et le romarin avec de la ficelle de cuisine.

Mettez 1 litre d'eau, le céleri, la carotte, l'oignon, l'ail, les grains de poivre, le laurier, le bouquet garni et le sel dans un grand faitout non réactif, puis portez à ébullition à feu vif, en mélangeant pour dissoudre le sel. Retirez du feu, ajoutez le litre d'eau restant et laissez refroidir complètement. Versez la saumure ainsi obtenue dans un récipient non réactif assez grand pour contenir le poulet. Immergez complètement le poulet dans la saumure. Mettez au réfrigérateur et laissez saumurer pendant au moins 4 heures ou toute une nuit.

Préchauffez le four à 230 °C (450 °F). Retirez le poulet de la saumure, jetez cette dernière et essuyez le poulet avec de l'essuie-tout. Placez le poulet dans une rôtissoire munie d'une grille, pattes orientées vers le fond, et huilez-le. Mettez la rôtissoire sur la grille au centre du four. Faites rôtir le poulet 1 heure à 1 heure 15, en le retournant à mi-cuisson, jusqu'à ce qu'un thermomètre instantané inséré dans la partie la plus profonde de la cuisse indique 71 °C (160 °F). Sortez le poulet du four, laissez-le reposer environ 20 minutes, puis découpez-le avant de servir.

PRÉPARATION	CUISSON	POUR	SMARTPOINTS	CALORIES
8 - 10 HEURES (TEMPS DE REPOS DANS LA SAUMURE COMPRIS)	1 HEURE	4 PERSONNES	5 PAR PORTION	297 PAR PORTION

FLÉTAN DURABLE À LA GRECQUE

RECETTE INSPIRÉE PAR LE CHEF LAWRENCE MCFADDEN

Pour la version la plus durable, optez pour un flétan du Groenland pêché en Alaska. Pour une variante un peu plus accessible à tous les porte-monnaie, cette recette est aussi délicieuse avec de l'achigan (perche truitée) ou du cabillaud.

INGRÉDIENTS

Liquide de cuisson « à la grecque »

- 12,5 cl (1/2 tasse) de vinaigre de champagne
- 25 cl (1 tasse) de bouillon de poulet maison (page 42)
- 25 cl (1 tasse) de chablis
- 2 feuilles de laurier
- 6 branches de thym frais
- 1 1/2 c. à thé de graines de coriandre grillées
- 1/4 de tasse d'échalotes très finement émincées

Poisson et légumes

- Huile d'olive vierge extra en spray
- 12 champignons bruns ou cremini de taille moyenne, coupés en quartiers
- 6 radis roses
- 1 c. à soupe de jus de citron
- 6 bébés artichauts
- 6 filets de flétan de 170 g et 2,5 cm d'épaisseur
- 150 g (1 tasse) de petits pois frais
- 2 tomates de taille moyenne, pelées, épépinées et émincées
- 12 feuilles de basilic frais, déchiquetées en morceaux
- Sel et poivre noir fraîchement moulu

Les restes de flétan sont parfaits pour faire des tacos au poisson !

PRÉPARATION

Mettez les ingrédients pour le liquide de cuisson dans un récipient, couvrez et laissez mariner au réfrigérateur au moins 2 heures et jusqu'à 24 heures.

Préchauffez le four à 205 °C (400 °F). Vaporisez une plaque de cuisson d'huile en spray. Disposez les champignons et les radis sur la plaque et vaporisez-les de matière grasse. Faites-les rôtir 10 à 15 minutes, jusqu'à ce qu'ils soient tendres.

Versez 1 l (4 tasses) d'eau dans un saladier et ajoutez-y le jus de citron. Pour préparer les bébés artichauts, retirez les feuilles externes, coupez les pieds et la couche verte externe de leur base. Coupez chaque artichaut en deux dans le sens de la hauteur, retirez le foin avec un couteau d'office et jetez-le. Débarrassez-vous de la partie supérieure des feuilles. Coupez chaque moitié en trois dans le sens de la hauteur et immergez les morceaux dans l'eau citronnée.

Dans une grande casserole, portez le liquide de cuisson à ébullition à feu vif, puis éteignez le feu. Salez et poivrez le flétan. Faites chauffer une grande poêle, de préférence en fonte, et vaporisez-la d'huile en spray. Mettez le poisson dans la poêle et faites-le cuire 3 à 5 minutes sans y toucher, jusqu'à ce qu'il soit bien doré en dessous. À l'aide d'une spatule à poisson, disposez-le en une seule couche sur une plaque de cuisson, face dorée vers le haut. Filtrez le liquide de cuisson, jetez les aliments solides et versez le liquide autour du poisson, en veillant à ne pas recouvrir le dessus. Enfournez le flétan pour environ 15 minutes, jusqu'à ce qu'il soit opaque et qu'il s'émiette facilement.

Pendant que le poisson est au four, égouttez les bébés artichauts, séchez-les avec de l'essuie-tout et salez. Faites chauffer une grande poêle à feu moyen et vaporisez-la d'huile en spray. Faites-y cuire les artichauts 5 à 7 minutes, jusqu'à ce qu'ils s'attendrissent. Ajoutez les champignons, les radis, les petits pois et les tomates, puis faites cuire jusqu'à ce que les artichauts soient tendres et que tous les aliments soient cuits à cœur. Au besoin, ajoutez quelques gouttes d'eau si la préparation commence à dorer ou à coller à la poêle.

Répartissez le flétan dans les assiettes. Ajoutez 8,5 cl (1/3 de tasse) de liquide de cuisson et la même quantité de légumes. Ajoutez un peu de basilic et servez.

PRÉPARATION	CUISSON	POUR	SMARTPOINTS	CALORIES
30 MINUTES (PLUS LA MARINADE)	30 MINUTES	6 PERSONNES	4 PAR PORTION	246 PAR PORTION

FARRO AUX PETITS POIS ET ASPERGES, ET SON PESTO DE PETITS POIS ET OLIVES NOIRES MARINÉES

Le goût sucré des petits pois, le côté salé des olives, la saveur boisée des asperges et l'onctuosité du pesto au basilic avec la texture de la céréale en font l'une de mes recettes préférées.

INGRÉDIENTS

- 150 g (3/4 de tasse) de farro ou d'épeautre italien perlé (vous pouvez remplacer par de l'épeautre, du blé mou, ou de l'orge)
- 6 asperges, les parties inférieures ligneuses cassées
- 150 g (1 tasse) de petits pois frais ou décongelés non écossés
- 95 g (1/2 tasse) d'olives noires marinées, dénoyautées et coupées en deux
- 12,5 cl (1/2 tasse) de pesto de petits pois (recette page ci-contre)
- 45 g (2 tasses) de roquette
- 12 g (1/4 de tasse) de ciboulette fraîche finement ciselée
- 17,5 g (1/4 de tasse) de parmesan râpé au zesteur-râpe
- 35 g (1/4 de tasse) de pignons, grillés
- Sel
- Poivre noir fraîchement moulu

PRÉPARATION

Portez une grande casserole d'eau bien salée à ébullition. Ajoutez le farro et faites-le cuire 20 à 25 minutes, pour qu'il soit al dente. Égouttez, rincez à l'eau froide et mettez dans un bol de service.

Pendant ce temps, faites un bain d'eau glacée en remplissant un grand bol d'eau et de glaçons. Portez à ébullition à feu vif une seconde grande casserole d'eau salée. Faites-y bouillir les asperges environ 3 minutes, jusqu'à ce qu'elles soient al dente. Le temps de cuisson varie selon leur grosseur. À l'aide d'une écumoire, sortez les légumes de la casserole et transférez-les dans le bain d'eau glacée pour les faire refroidir. Sortez-les ensuite de l'eau froide, tamponnez-les avec de l'essuie-tout pour bien les sécher, puis coupez-les finement en biais. Mettez les petits pois dans l'eau frémissante et faites-les cuire pendant environ 1 minute, jusqu'à ce qu'ils soient al dente. Égouttez-les avant de les transférer à leur tour dans le bain d'eau glacée, puis égouttez-les et tamponnez-les avec de l'essuie-tout pour bien les sécher.

Mélangez les asperges, les petits pois, les olives et le farro. Ajoutez le pesto et remuez pour enrober les ingrédients de pesto. Incorporez la roquette et la ciboulette. Salez et poivrez, mettez un peu de parmesan et quelques pignons.

PRÉPARATION	CUISSON	POUR	SMARTPOINTS	CALORIES
25 MINUTES	30 MINUTES	6 PERSONNES	9 PAR PORTION	294 PAR PORTION

Si vous êtes fan de quinoa, vous adorerez le farro, qui est l'une de mes céréales préférées !

PESTO DE PETITS POIS

POUR 50 CL (2 TASSES) | 4 SMARTPOINTS POUR 6,5 CL

- 150 g (1 tasse) de petits pois frais ou décongelés non écossés
- 3 c. à soupe d'huile d'olive vierge extra
- 90 g (2 tasses) de feuilles de basilic légèrement tassées
- 3 gousses d'ail
- 55 g de parmesan, en copeaux
- 25 g (1/4 de tasse) de cerneaux de noix de Grenoble grillées
- Jus et zeste de 2 citrons
- 1/2 c. à thé de sel de mer, ou à votre convenance

Faites un bain d'eau glacée en remplissant un bol de glaçons et d'eau. Portez une casserole d'eau salée à ébullition à feu vif. Faites-y cuire les petits pois environ 1 minute, jusqu'à ce qu'ils soient al dente. Égouttez-les, transférez-les dans le bain glacé, puis égouttez-les avant de les tamponner avec de l'essuie-tout pour les sécher. (Pour gagner du temps et avoir une casserole en moins à laver, faites blanchir les petits pois avec les légumes de la salade de farro.)

Mettez les petits pois, l'huile, l'ail, le parmesan, les noix et le jus de citron dans un robot et mixez jusqu'à obtenir une purée grossière. Ajoutez le zeste de citron et le sel, puis mixez par à-coups. Ce pesto se conserve 1 semaine au réfrigérateur dans une boîte hermétique.

SAUMON SAUVAGE FUMÉ AU THÉ

Si vous n'avez jamais utilisé de thé pour fumer votre saumon, l'heure est venue ! Le goût dépend entièrement des feuilles de thé que vous choisissez. J'ai tout essayé, du thé vert gunpowder au Lapsang Souchong, et je trouve que c'est le thé avec un arôme fumé qui fonctionne le mieux. À vous de trouver celui qui vous convient.

Pour cette recette, je préfère garder mon saumon entier, mais vous pouvez aussi utiliser des filets.

Cette recette se marie bien avec la crème de petits pois (page 35) ou les asperges grillées (page 216).

INGRÉDIENTS

Marinade

8,5 cl (1/3 de tasse) de sauce soja
1,5 cl (1 c. à soupe) de sirop d'agave
Zeste et jus d'1/2 orange
1 gousse d'ail, râpée au zesteur-râpe
1 c. à thé de gingembre, haché ou râpé au zesteur-râpe
Zeste d'1 citron vert
Jus de 2 citrons verts
1/2 c. à thé de flocons de piment rouge
680 g de saumon royal, sans la peau

Fumage du saumon
(NOTE : CES INGREDIENTS NE SE MANGENT PAS)

55 g (1/4 de tasse) de riz au jasmin cru
1/4 de tasse de feuilles de thé noir ou au jasmin
40 g (3 c. à soupe) de sucre roux
6 anis étoilés entiers
1 morceau de gingembre de 6-8 cm, tranché
6 grains de poivre noir
1 bâton de cannelle, écrasé
Huile d'olive vierge extra en spray

Garnitures

0,5 cl (1 c. à thé) d'huile de sésame grillé
70 g (1/2 tasse) d'oignons nouveaux finement tranchés, les parties blanches et vertes
25 g (1/2 tasse) de feuilles de coriandre fraîche, ciselées
1 c. à soupe de graines de sésame noir

PRÉPARATION

Préparation de la marinade : Dans un petit bol, fouettez tous les ingrédients de la marinade. Mettez le saumon dans un grand sachet en plastique, type sac à congélation, et versez la marinade par-dessus. Fermez le sachet, placez-le dans un bol et laissez mariner au réfrigérateur pendant 1 à 2 heures, en retournant de temps en temps le sachet pour que toutes les parties du saumon marinent bien. Sortez le saumon de la marinade et jetez le sac et son contenu. Mettez le saumon dans une assiette et tamponnez-le avec de l'essuie-tout pour bien le sécher. Remettez-le au réfrigérateur pendant au moins 1 heure ou toute une nuit. Quand vous le sortez, il devrait être sec, mais légèrement collant au toucher – cela permettra au poisson de s'imprégner autant que possible de l'arôme fumé. Maintenant, tenez-vous prêt à fumer !

Fumage du saumon : Tapissez un wok ou un fumoir de deux feuilles d'aluminium ultra résistantes. Dans un bol, mélangez le riz, les feuilles de thé, le sucre roux, l'anis étoilé, le gingembre, les grains de poivre et la cannelle, puis répartissez ce mélange sur l'aluminium. Formez une papillote. Chauffez-la à feu moyen-vif jusqu'à ce qu'elle commence à fumer. Disposez une grille ou une marguerite à légumes en métal au-dessus des épices fumantes et placez-y le saumon. Vaporisez-le légèrement d'huile et couvrez le wok. Baissez l'intensité du feu pour qu'il soit doux et poursuivez la cuisson pendant 20 minutes, ou jusqu'à ce que le saumon soit d'une belle couleur acajou et à peine cuit à cœur. Le temps de cuisson dépend de l'épaisseur du poisson. Servez avec un trait d'huile de sésame, un peu d'oignons nouveaux, de coriandre et de graines de sésame noir.

PRÉPARATION	CUISSON	POUR	SMARTPOINTS	CALORIES
4 HEURES (DONT 2 HEURES DE MARINADE)	30 MINUTES	4 PERSONNES	9 PAR PORTION	346 PAR PORTION

COMPOTÉE DE COURGE KABOCHA

Non seulement la courge kabocha est une bonne source de fer, de vitamine C et de bêtacarotène, mais il faut aussi savoir qu'une tasse contient 40 calories et moitié moins de glucides que la courge butternut.

ous pouvez voir cette compotée comme une compilation es meilleurs légumes d'hiver.

INGRÉDIENTS

Compotée

30 g (1/4 de tasse) de noix de pécan, hachées
140 g (1 tasse) de rutabaga, taillé en cubes de 1,25 cm
115 g (1 tasse) de panais, taillé en cubes de 1,25 cm
115 g (1 tasse) de courge kabocha, taillée en cubes de 1,25 cm
2,3 cl (1 1/2 c. à soupe) d'huile d'olive vierge extra
1 c. à thé d'ail, râpé au zesteur-râpe
1 c. à thé de gingembre, pelé et râpé au zesteur-râpe
1/2 c. à thé de fenouil en poudre
1/2 c. à thé de cumin en poudre
1/4 de c. à thé de curcuma en poudre
1/4 de c. à thé de piment de Cayenne en poudre
1/2 c. à thé de sel

Vinaigrette

1 c. à soupe de moutarde de Dijon
3 cl (2 c. à soupe) de vinaigre de cidre
1 c. à thé d'ail, râpé au zesteur-râpe
1 c. à thé de gingembre, pelé et râpé au zesteur-râpe
6,5 cl (1/4 de tasse) d'huile d'olive vierge extra
1/2 c. à thé de sel
1/4 c. à thé de poivre noir fraîchement moulu

Salade

1/4 de pomme verte ou rouge
1,5 cl (1 c. à soupe) de jus de citron frais
1 poignée de bébé roquette
1 sucrine
15 g (2 c. à soupe) de canneberges séchées, réhydratées dans l'eau à couvert pendant 30 minutes et égouttées
17,5 g (1/4 de tasse) de copeaux de parmesan, faits à l'économe

PRÉPARATION

Préparation de la compotée : Préchauffez le four à 175 °C (350 °F). Mettez les noix de pécan sur une petite plaque de cuisson ou une poêle allant au four et faites-les griller 7 à 10 minutes, en mélangeant une ou deux fois, jusqu'à ce qu'elles soient dorées et odorantes. Sortez-les du four et transférez-les dans une assiette pour qu'elles refroidissent.

Pendant ce temps, mettez le rutabaga, le panais et la courge dans un saladier. Ajoutez l'huile, l'ail, le gingembre, le fenouil, le cumin, le curcuma, le piment de Cayenne et le sel et mélangez pour tout enrober. Versez dans un petit moule (un plat à tarte convient), couvrez d'aluminium et faites rôtir 15 minutes. Retirez l'aluminium et poursuivez la cuisson 15 à 20 minutes, jusqu'à ce que les aliments soient tendres.

Préparation de la sauce : Dans un petit bol, fouettez la moutarde, le vinaigre, l'ail et le gingembre. Incorporez l'huile au fouet jusqu'à obtenir une émulsion, puis ajoutez le sel et le poivre.

Préparation de la salade : Découpez la pomme en dés et arrosez-la de jus de citron. Mélangez la roquette, la sucrine et la pomme dans un saladier. Enrobez avec la moitié de la sauce à salade, ou plus si besoin, pour recouvrir légèrement les feuilles et dressez-en un peu au milieu de chaque assiette. Entourez la salade de noix de pécan, de légumes rôtis et de canneberges, puis servez avec quelques copeaux de parmesan sur le dessus.

PRÉPARATION	CUISSON	POUR	SMARTPOINTS	CALORIES
20 MINUTES	30 MINUTES	6 PERSONNES	7 PAR PORTION	237 PAR PORTION

CABILLAUD GLACÉ AU MISO

Selon la recette classique de Nobu, ce repas rapide de milieu de semaine est sucré, salé, décadent et ne coûte que peu de points ! J'adore l'associer avec des haricots épicés et aromatisés au sésame, et, ce que je préfère : du riz noir interdit avec de la ciboulette. Le miso, qui est essentiellement fait à partir de soja fermenté, est une superstar nutritionnelle.

C'est l'un des plats de poisson que j'aime préparer quand je reçois !

INGRÉDIENTS

Poisson

6 cl (6 c. à soupe) de mirin
3 cl (2 c. à soupe) de saké
6 cl (6 c. à soupe) de miso blanc
4,5 cl (3 c. à soupe) de sirop d'agave
Zeste d'1 citron vert
1 c. à thé de gingembre frais, râpé
1 petite gousse d'ail, râpée
6 filets de cabillaud, débarrassés de la peau et des arêtes
Huile de pépins de raisin en spray
Ciboulette et coriandre fraîches, fraîchement ciselées
1 c. à thé de sel

Haricots verts au sésame

340 g de haricots verts frais, équeutés
0,5 cl (1 c. à thé) d'huile de sésame grillé
1 c. à thé de graines de sésame noir
½ c. à thé de flocons de piment rouge

PRÉPARATION

Dans un petit bol, fouettez le mirin, le saké, le miso, l'agave, le zeste de citron vert, le gingembre et l'ail. Mettez le poisson dans un grand sachet en plastique, type sac à congélation, versez-y la marinade, fermez le sachet et laissez au réfrigérateur pendant toute une nuit.

Quand vous êtes prêt à préparer le repas, mettez le four en mode gril, puissance maximum.

Remplissez une casserole de taille moyenne d'1 litre d'eau et ajoutez-y 1 c. à thé de sel. Portez à ébullition à feu moyen.

Pendant que l'eau bout, sortez le poisson du sachet de marinade et disposez-le en une couche dans un plat pouvant passer au gril. Essuyez précautionneusement l'excédent de marinade, mais ne rincez pas le cabillaud. Vaporisez légèrement le poisson d'huile et passez-le sous le gril du four pendant 8 à 10 minutes, jusqu'à ce qu'il soit opaque et que sa surface ait l'air caramélisée.

Pendant que le cabillaud est au four, faites cuire les haricots verts dans l'eau bouillante 3 minutes, ou jusqu'à ce qu'ils soient al dente. Égouttez-les, mettez-les dans un bol et enrobez-les d'huile de sésame, de graines de sésame noir et de flocons de piment rouge.

Répartissez le poisson et les haricots dans les assiettes. Décorez avec la ciboulette et la coriandre, et servez.

PRÉPARATION	CUISSON	POUR	SMARTPOINTS	CALORIES
15 MINUTES (PLUS LA MARINADE)	7 MINUTES	6 PERSONNES	7 PAR PORTION	273 PAR PORTION

LOUP DE MER DU CHILI ET SA CROÛTE DE POMMES DE TERRE

La plupart du temps quand on fait cuire du poisson, ça peut très vite virer au drame. Un coup de fil rapide et trois minutes plus tard, vous vous retrouvez avec un amas complètement desséché. De ce point de vue, le loup de mer du Chili pardonne beaucoup. Si quelqu'un est en retard, j'ai juste à baisser la température !

INGRÉDIENTS

- 4 morceaux rectangulaires de loup de mer de 170 g et 2,5 cm d'épaisseur
- 2 grosses pommes de terre russet, pelées
- Huile d'olive vierge extra en spray
- 1,5 cl (1 c. à soupe) d'huile de pépins de raisin
- 1 citron de taille moyenne, coupé en quartiers
- Sel de mer

La croûte de pommes de terre donne au plat une enveloppe délicieuse et croustillante.

PRÉPARATION

Rincez le loup de mer et tamponnez-le avec de l'essuie-tout pour bien le sécher. Disposez le poisson dans une assiette, couvrez-le de film alimentaire et mettez-le au réfrigérateur pendant que vous préparez les pommes de terre.

À l'aide d'une mandoline, coupez les pommes de terre en longues tranches extrafines. Mettez-les dans un grand bol, vaporisez d'huile en spray et salez légèrement.

Disposez les bandes de pomme de terre sur un morceau de film alimentaire de façon à ce qu'elles se chevauchent de 2,5 cm dans le sens de la longueur et forment ainsi une bande de 15 x 20 cm. Disposez deux autres bandes à côté, qui elles se chevauchent d'un peu plus d'1 cm. Répétez le processus pour obtenir 4 ou 5 rangées de tranches qui se chevauchent, assez pour recouvrir le poisson. Prenez une bande de pommes de terre, placez le poisson perpendiculairement à celle-ci. Soulevez le film et roulez le poisson dans la pomme de terre jusqu'à ce qu'il en soit enveloppé avec 2 cm de chevauchement à la fin. Serrez bien le poisson dans le film. Répétez avec les bandes de pomme de terre et le poisson restants, puis mettez au réfrigérateur 15 minutes.

Faites chauffer l'huile dans une sauteuse à feu moyen. Enlevez le film autour du poisson et déposez-le dans la poêle, côté soudure en dessous. Faites-le cuire environ 4 minutes de chaque côté, jusqu'à ce que les pommes de terre soient dorées, en ajustant le feu pour que la cuisson soit uniforme. Retournez le poisson avec précaution. À la fin de la cuisson, il doit s'émietter à l'intérieur. Répartissez dans les assiettes, ajoutez un quartier de citron et servez.

PRÉPARATION	CUISSON	POUR	SMARTPOINTS	CALORIES
20 MINUTES	10 MINUTES	4 PERSONNES	7 PAR PORTION	302 PAR PORTION

LOUP DE MER DU CHILI ET SON CHUTNEY CITRON-FENOUIL

Ce poisson polyvalent donne un filet qui fond dans la bouche comme du beurre, tout en étant assez nourrissant pour rassasier. Tout ce dont vous avez besoin, c'est d'un sauvignon blanc et d'une personne avec qui le partager !

INGRÉDIENTS

Chutney

Huile d'olive vierge extra en spray

1 oignon jaune de taille moyenne, coupé en dés

1 bulbe de fenouil de taille moyenne, débarrassé de sa partie supérieure et de sa partie centrale, et taillé en dés

25 cl (1 tasse) d'eau

1 cl (2 c. à thé) de miel

1 c. à thé de coriandre en poudre

3 gousses d'ail, pelées

Zeste et jus d'1 citron

35 g (¼ de tasse) de raisins secs dorés, émincés

½ c. à thé de grains de moutarde jaune

1,5 cl (1 c. à soupe) de vinaigre de riz

1,5 cl (1 c. à soupe) de vinaigre de champagne

6,5 cl (¼ de tasse) de Ricard®

16 feuilles de coriandre fraîche, grossièrement ciselées

¼ c. à thé de gros sel

¼ c. à thé de poivre noir fraîchement moulu

Loup de mer

8 darnes de loup de mer

¼ c. à thé d'ail semoule

Huile d'olive vierge extra en spray

1 c. à thé de sel de mer fin

½ c. à thé de poivre blanc fraîchement moulu

Quartiers de citron (facultatif)

PRÉPARATION

Préparation du chutney : Vaporisez une poêle de taille moyenne d'huile en spray et faites-la chauffer à feu moyen-doux. Faites revenir la moitié des dés d'oignon, le fenouil et le sel pendant environ 5 minutes, en mélangeant de temps à autre, jusqu'à ce que les aliments soient translucides.

Pendant que le mélange à base de fenouil cuit, mettez le reste d'oignon, l'eau, le miel, la coriandre, l'ail, le zeste et le jus de citron, les raisins secs, les grains de moutarde, le vinaigre de riz et le vinaigre de champagne dans un blender, de préférence à haute vitesse, et mixez jusqu'à obtenir une texture bien lisse.

Versez le Ricard® dans la poêle contenant l'oignon et le fenouil et poursuivez la cuisson jusqu'à ce qu'il soit évaporé, puis ajoutez-y la préparation du blender. Augmentez le feu pour qu'il soit vif et poursuivez la cuisson du chutney environ 3 minutes, jusqu'à ce qu'il se soit épaissi, puis retirez-le du feu. Ajoutez le poivre noir et laissez refroidir à température ambiante. Incorporez la coriandre à la fin.

Préparation du loup de mer : Assaisonnez le poisson des deux côtés avec le sel, l'ail semoule et le poivre blanc. Vaporisez une poêle en fonte d'huile en spray et faites-y chauffer à feu moyen-vif. Faites-y cuire le poisson pendant 4 minutes, ou jusqu'à ce que le dessous soit bien doré. À l'aide d'une grande spatule, retournez délicatement le loup de mer et poursuivez la cuisson 3 à 4 minutes, jusqu'à ce qu'il soit opaque et qu'il s'émiette facilement. Répartissez le poisson dans les assiettes et servez-le avec 1 c. à soupe de chutney et un trait de citron, si vous en avez envie.

PRÉPARATION	CUISSON	POUR	SMARTPOINTS	CALORIES
15 MINUTES	30 MINUTES	8 PERSONNES	3 PAR PORTION	176 PAR PORTION

C'est un peu le blazer bleu marine des produits de la mer.

CHAKALAKA

Quand les filles de ma South African Leadership Academy me rendent visite – ce qui arrive assez souvent –, elles réclament du chakalaka. Une fois que j'ai compris ce dont il s'agissait, c'est devenu un classique de mon répertoire ! Parfois, un petit mets traditionnel est une manière formidable d'éviter le mal du pays.

INGRÉDIENTS

- 1,5 cl (1 c. à soupe) d'huile d'olive vierge extra
- 1 oignon jaune de taille moyenne, taillé en petits dés
- 3 gousses d'ail, hachées
- ½ c. à thé de gingembre frais, haché
- 2 c. à thé de curry Madras en poudre
- 1 c. à thé de piment de Cayenne en poudre
- ½ c. à thé de thym séché
- ¼ c. à thé de paprika fumé
- 2 tomates italiennes de taille moyenne, pelées, épépinées et taillées en dés
- 280 g (4 tasses) de chou, finement émincé
- 2 piments jalapeño, épépinés et taillés en dés
- 1 grosse carotte, râpée
- 1 poivron rouge de taille moyenne, épépiné et taillé en dés
- 375 g (1 tasse ½) de haricots blancs cuits
- 3 cl (2 c. à soupe) de vinaigre blanc distillé
- 6 g (2 c. à soupe) de persil plat frais ciselé
- 1 c. à thé de sel de mer fin
- ½ c. à thé de poivre noir fraîchement moulu

PRÉPARATION

Faites chauffer l'huile dans une grande casserole à feu moyen. Faites-y revenir l'oignon pendant 2 minutes, ou jusqu'à ce qu'il soit tendre. Ajoutez l'ail et le gingembre, puis poursuivez la cuisson pendant 1 minute, ou jusqu'à ce que les arômes se libèrent. Incorporez le curry, le piment de Cayenne, le thym et le paprika fumé, puis faites revenir le tout pendant 1 minute, jusqu'à ce que les épices exhalent leurs senteurs. Versez un tout petit peu d'eau si le mélange commence à accrocher au fond de la casserole. Ajoutez les tomates, le chou, les piments, la carotte et le poivron rouge, faites frémir le tout et laissez mijoter pendant environ 5 minutes, en remuant de temps à autre, jusqu'à ce que les légumes commencent à s'attendrir. Intégrez les haricots et le vinaigre puis poursuivez la cuisson 2 à 3 minutes, jusqu'à ce que les haricots soient réchauffés. Salez, poivrez et incorporez le persil. Servez brûlant ou chaud. Vous pouvez aussi faire refroidir cette préparation, la mettre au réfrigérateur et la servir froide.

PRÉPARATION	CUISSON	POUR	SMARTPOINTS	CALORIES
15 MINUTES	15 MINUTES	6 PERSONNES	3 PAR PORTION	137 PAR PORTION

C'est un accompagnement parfait pour du poisson, des viandes grillées ou de la volaille.

Vérifiez sur le programme Seafood Watch de l'aquarium de Monterey Bay que la lotte figure dans la liste des "bonnes alternatives".

LOTTE ET LENTILLES AUX AGRUMES

La bonne nouvelle en ce qui concerne la lotte, c'est qu'une portion de 85 g vaut 82 calories et 0 glucide. Et celle qui est encore meilleure, c'est que les lentilles sont absolument magiques ! Elles protègent le cœur et le système digestif, elles aident à stabiliser le taux de glycémie, à contrôler le cholestérol et à maîtriser la satiété. Cette recette, c'est ce que j'appelle un mélange où tout le monde trouve son compte !

INGRÉDIENTS

Lentilles aux agrumes

- 2 litres d'eau
- 400 g (2 tasses) de lentilles vertes du Puy
- Huile d'olive vierge extra en spray
- 1 échalote de taille moyenne, taillée en petits dés
- 1 c. à thé de paprika
- 1 c. à thé de flocons de piment rouge séchés
- 1 g (2 c. à thé) de feuilles de thym frais, ciselées
- 3 gousses d'ail hachées
- 2 c. à thé de concentré de tomates
- 75 cl (3 tasses) de bouillon de poulet maison (page 42), et plus si besoin
- Zeste et jus d'1 orange de taille moyenne
- Zeste et jus d'1 citron vert de taille moyenne
- 1 feuille de laurier
- Sel de mer
- Poivre noir fraîchement moulu

Poisson

- 6 filets de lotte de 170 g, désarêtés
- Huile d'olive vierge extra en spray
- 1 citron
- Sel et poivre noir fraîchement moulu

PRÉPARATION

Préparation des lentilles : Versez 2 litres d'eau dans une grande casserole et ajoutez les lentilles ainsi qu'1 c. à soupe de sel. Portez à ébullition à feu moyen. Égouttez les lentilles sans attendre et rincez-les abondamment sous l'eau froide. Réservez.

Rincez la casserole, essuyez-la et vaporisez-la d'huile en spray. Faites-y revenir l'échalote à feu moyen-doux environ 3 minutes, jusqu'à ce qu'elle soit translucide. Ajoutez le paprika, les flocons de piment rouge, le thym et l'ail, puis poursuivez la cuisson environ 1 minute, jusqu'à ce que les arômes se libèrent. Versez un petit peu d'eau si la préparation accroche. Incorporez le concentré de tomates et poursuivez la cuisson 2 minutes, en mélangeant et en ajoutant encore un peu d'eau si nécessaire. Ajoutez les lentilles, le bouillon de poulet, le jus d'orange, le jus de citron vert et le laurier. Augmentez l'intensité du feu à moyen-vif, faites frémir, puis baissez de nouveau à doux et laissez mijoter 15 à 25 minutes, jusqu'à ce que les lentilles soient tendres mais pas réduites en bouillie. Retirez le laurier. Transférez un quart de la préparation dans un blender et mixez jusqu'à obtenir une texture lisse. Réincorporez la purée de lentilles dans la casserole. Assaisonnez avec les zestes d'agrumes, salez et poivrez

Préparation du poisson : Salez et poivrez le poisson. Faites chauffer une grande poêle, de préférence en fonte, à feu moyen-vif et vaporisez-la d'huile en spray. Faites-y cuire le poisson pendant environ 3 minutes de chaque côté, jusqu'à ce qu'il soit légèrement doré et cuit à cœur.

Service : Répartissez les lentilles dans les assiettes et ajoutez-y le poisson. Pressez un peu de citron sur le poisson et servez.

PRÉPARATION	CUISSON	POUR	SMARTPOINTS	CALORIES
15 MINUTES	30 MINUTES	6 PERSONNES	9 PAR PORTION	416 PAR PORTION

J'avais l'habitude de faire ce plat avec des jarrets de porc, mais la dinde fumée est une option bien plus saine.

SALADE DE FÈVES ET DE DINDE FUMÉE

Si la seule chose que vous savez sur les fèves, c'est que Hannibal Lecter les mariait avec « un excellent chianti », essayez ce plat ! Nous ne le faisons que quelques fois par an, car, même si nous faisons pousser des fèves dans notre ferme de Santa Barbara, la saison est courte –, le pic de maturité est atteint au printemps.

INGRÉDIENTS

Vinaigrette au jalapeño et basilic

4,5 cl (3 c. à soupe) d'huile d'olive vierge extra

3 cl (2 c. à soupe) de vinaigre blanc distillé

Zeste et jus d'1 citron de taille moyenne

½ piment jalapeño de taille moyenne, épépiné et émincé

1 c. à thé de moutarde de Dijon

12,5 g (¼ de tasse) de feuilles de basilic frais, coupées en fines lanières

½ c. à thé de sel de mer fin

½ c. à thé de poivre noir fraîchement moulu

Salade

150 g (1 tasse) de fèves fraîches non écossées

Huile d'olive vierge extra en spray

1 pomme de terre bintje de taille moyenne, pelée et taillée en dés

125 g (1 tasse) de cuisse de dinde fumée, sans la peau, taillée en dés

6 g (2 c. à soupe) de menthe fraîche, coupée en fines lanières

6 g (2 c. à soupe) de persil plat frais, ciselé

½ c. à thé de flocons de piment rouge séché

20 g (1 tasse) de sucrine, émincée (morceaux de 1,25 cm)

17,5 g (¼ de tasse) de parmesan, en copeaux

Sel

PRÉPARATION

Préparation de la vinaigrette : Mettez tous les ingrédients, sauf le basilic, dans un blender et mixez jusqu'à obtenir une texture bien lisse. Versez la sauce dans un bol de taille moyenne et incorporez le basilic.

Préparation de la salade : Faites un bain d'eau glacée en remplissant un bol de taille moyenne de glaçons et d'eau. Portez à ébullition à feu vif une casserole d'eau salée de taille moyenne. Blanchissez-y les fèves pendant 1 minute. Égouttez-les avant de les plonger directement dans le bain d'eau glacée pour qu'elles refroidissent. Égouttez et pelez les fèves avant de les mettre à mariner dans la sauce vinaigrette.

Vaporisez une poêle antiadhésive d'huile en spray et faites-la chauffer à feu moyen-vif. Ajoutez les pommes de terre en dés et faites-les cuire pendant environ 5 minutes, jusqu'à ce qu'elles soient bien dorées à l'extérieur et cuites à cœur. Incorporez la dinde fumée et poursuivez la cuisson pour la réchauffer. Transférez le tout dans un plat de service et laissez refroidir à température ambiante. Assaisonnez avec la menthe, le persil et les flocons de piment rouge. Intégrez les fèves à la vinaigrette et remuez le tout, puis ajoutez la sucrine et remuez de nouveau pour mélanger. Répartissez la salade dans les assiettes, décorez de parmesan et servez.

PRÉPARATION	CUISSON	POUR	SMARTPOINTS	CALORIES
15 MINUTES	10 MINUTES	4 PERSONNES	7 PAR PORTION	273 PAR PORTION

« SI VOUS FAITES UN TRAVAIL QUE VOUS AIMEZ ET QUI VOUS COMBLE, LE RESTE SUIVRA. »

— OPRAH WINFREY

Matins radieux

9 PLATS QUI VALENT LE COUP DE SORTIR DU LIT

Recette gentiment fournie par Imelda Chavez

J'avais la mauvaise habitude de sauter le petit déjeuner, en pensant que j'économisais des calories. Maintenant, c'est sans aucun doute LE repas que je ne manquerais pas. Qu'il s'agisse de « l'habituel » (page 110), dont je me prépare une version presque tous les jours, ou d'un simple cookie avec un chaï en vitesse, le petit déjeuner donne le ton – et le taux de glycémie – de la journée. Si je mange bien au petit déjeuner, je n'ai souvent pas faim avant une heure avancée de l'après-midi.

MUFFINS BANANE-NOIX DE COCO SANS GLUTEN D'IME

120 g (2 tasses) de poudre d'amandes
30 g (½ tasse) de copeaux de noix de coco non sucrés
1 ½ c. à thé de levure chimique
½ c. à thé de bicarbonate de soude
1 c. à soupe de cannelle en poudre
4 bananes bien mûres de taille moyenne
3 gros œufs
45 g (3 c. à soupe) de beurre doux, fondu ou froid
1 ½ c. à soupe de miel
1,5 cl (1 c. à soupe) de vinaigre de cidre
1 c. à thé de zeste de citron, râpé au zesteur-râpe
30 g (¼ de tasse) de noix de pécan, hachées
40 g (¾ de tasse) de copeaux de carotte grossiers
6 abricots secs, finement émincés
¾ c. à thé de sel

Préchauffez le four à 160 °C (325 °F) et foncez une plaque de 12 empreintes à muffins de caissettes en papier.

Dans un saladier, fouettez la poudre d'amandes, la noix de coco, la levure, le bicarbonate de soude, la cannelle et le sel.

Écrasez grossièrement les bananes dans un bol. Dans un autre, fouettez les œufs, puis incorporez le beurre, le miel, le vinaigre et le zeste de citron. Ajoutez les bananes écrasées. Incorporez délicatement les ingrédients secs aux ingrédients humides. L'ensemble doit être à peine mélangé. Terminez par les noix de pécan, les carottes et les abricots.

Répartissez l'appareil dans les empreintes à muffin, en les remplissant aux trois quarts. Enfournez 35 à 45 minutes, jusqu'à ce que le dessus soit doré et qu'un pic en bois inséré au centre d'un muffin ressorte propre. Mettez la plaque sur une grille, laissez refroidir 5 minutes avant de retirer les muffins et de servir.

POUR 12 MUFFINS
7 SMARTPOINTS PAR MUFFIN | 240 CALORIES

GRUAU D'AVOINE BANANE ET NOIX

1 litre (4 tasses) d'eau
80 g (1 tasse) de flocons d'avoine découpés à l'ancienne
1 banane, coupée en rondelles
50 g (½ tasse) de noix de Grenoble, grillées

Garnitures
1 pincée de cannelle
1 trait de miel cru
1 noisette de beurre
1 trait de lait d'amande
Myrtilles fraîches

Portez l'eau à ébullition dans une casserole. Mettez-y les flocons d'avoine, portez de nouveau à ébullition, puis baissez le feu à doux et laissez mijoter environ 20 minutes, en mélangeant de temps à autre et en raclant le fond de la casserole, jusqu'à ce que le gruau soit épais et crémeux. Ajoutez la banane et poursuivez la cuisson 5 minutes. Répartissez dans des bols, saupoudrez de quelques noix et de la garniture de votre choix, puis servez.

POUR 4 PERSONNES
8 SMARTPOINTS PAR PORTION | 281 CALORIES

POMMES DE TERRE EN PURÉE

4 pommes de terre bintje non pelées, en cube de 1,25 cm
Huile d'olive vierge extra en spray
1 chapelet de saucisses de poulet, façon andouilles cajuns, coupées en dés
1 petit oignon rouge, coupé en dés
1 poivron rouge moyen, épépiné et taillé en dés
1 piment jalapeño de taille moyenne, émincé
2 oignons nouveaux de taille moyenne, les parties blanches et vertes, coupés en rondelles d'un peu plus de 5 mm d'épaisseur
1 c. à soupe de mélange d'épices cajun à noircir
1,5 cl (1 c. à soupe) de vinaigre de cidre
6 g (2 c. à soupe) de ciboulette fraîche, finement ciselée
1 g (1 c. à thé) de romarin frais, finement ciselé
Sel de mer fin
Poivre noir fraîchement moulu

Mettez les pommes de terre dans une passoire, rincez-les sous l'eau froide, essuyez-les avec un torchon et réservez.

Vaporisez une grande poêle en fonte d'huile en spray et faites chauffer à feu vif pour qu'elle soit très chaude. Faites-y cuire les saucisses environ 5 minutes, en mélangeant souvent avec une spatule en métal jusqu'à ce qu'elles soient dorées et caramélisent. Transférez les saucisses dans un bol de taille moyenne et réservez.

Mettez l'oignon, le poivron, le piment et les oignons nouveaux dans la poêle dans laquelle vous avez cuit les saucisses, salez et faites revenir à feu moyen pendant environ 3 minutes, jusqu'à ce que les légumes commencent à s'attendrir. Retirez les légumes de la poêle et ajoutez-les aux saucisses.

Remettez la poêle sur le feu, faites-y revenir les pommes de terre à feu moyen pendant environ 10 minutes, jusqu'à ce qu'elles soient cuites aux trois quarts. Ajoutez les saucisses, les légumes, le mélange d'épices à noircir et poursuivez la cuisson 3 ou 4 minutes, jusqu'à ce que les pommes de terre soient cuites à cœur. Incorporez le vinaigre, la ciboulette et le romarin, et poivrez. Goûtez et ajustez l'assaisonnement au besoin.

POUR 4 PERSONNES
6 SMARTPOINTS PAR PORTION | 229 CALORIES

COOKIES DU MATIN

- 120 g (1 tasse ½) de flocons d'avoine
- Matière grasse en spray
- 2 petites pommes Gala, pelées, épépinées et grossièrement coupées
- 4 bananes mûres moyennes, écrasées
- 8,5 cl (⅓ de tasse) de jus de pomme
- 130 g (1 tasse ¼) de noix de Grenoble, grossièrement hachées
- ¾ de tasse de pommes séchées, hachées
- 75 gr (½ tasse) de raisins secs
- 80 g (½ tasse + 1 c. à soupe) de farine d'avoine
- 1 ½ c. à thé de gingembre en poudre
- 1 c. à thé de cannelle en poudre
- ½ c. à thé de clous de girofle en poudre
- ½ c. à thé de macis en poudre
- ½ c. à thé de noix de muscade en poudre
- ½ c. à thé de levure chimique
- ½ c. à thé de sel

Préchauffez le four à 175 °C (350 °F) et tapissez une plaque de cuisson d'un tapis en silicone ou de papier sulfurisé. Répartissez les flocons d'avoine sur la plaque en une couche uniforme et enfournez-les pour 15 à 20 minutes, jusqu'à ce qu'ils soient légèrement colorés et odorants. Sortez-les du four, transférez-les dans une assiette et laissez-les refroidir à température ambiante.

Pendant que les flocons d'avoine refroidissent, vaporisez une sauteuse d'huile. Faites-y revenir les pommes à feu moyen-vif 3 minutes, ou jusqu'à ce qu'elles soient tendres. Transférez les fruits dans un saladier et réservez 10 minutes, le temps qu'ils refroidissent. Incorporez les bananes et le jus de pommes aux pommes cuites avec une spatule. Dans un autre bol, mélangez les flocons d'avoine, les noix, les pommes séchées, les raisins secs, la farine d'avoine, le gingembre, la cannelle, les clous de girofle, le macis, la noix de muscade, la levure et le sel. Réunissez le contenu des deux récipients et, avec vos mains ou une grande cuillère, mélangez pour former une pâte. Couvrez le bol de film alimentaire et laissez la pâte reposer à température ambiante 10 minutes.

Prélevez 12 portions de pâte avec une cuillère à glace de 1,5 cl et disposez-les sur le tapis en silicone. Recouvrez les dômes de film alimentaire, puis avec le dessous d'un verre, aplatissez-les pour obtenir des disques d'un peu plus d'1 cm d'épaisseur. Enfournez les cookies pour 12 à 15 minutes, jusqu'à ce qu'ils soient dorés. Sortez la plaque du four, puis déposez-la sur une grille et laissez les cookies refroidir complètement. Ils se conservent jusqu'à une semaine dans une boîte hermétique ou un sachet en plastique.

POUR 30 COOKIES
3 SMARTPOINTS PAR COOKIE | 85 CALORIES

OMELETTE

- Huile d'olive vierge extra en spray
- ¼ de poivron rouge de taille moyenne, épépiné et finement taillé en dés
- ½ petit oignon nouveau, finement tranché
- 30 g (1 tasse) d'épinards frais, émincés
- 1 gros œuf
- 4 gros blancs d'œuf
- Zeste de truffe Sabatino®
- 1 tranche de Monterey jack allégé en matière grasse
- 1 c. à soupe de parmesan, râpé au zesteur-râpe
- Sel à la truffe Sabatino®
- Poivre noir fraîchement moulu

Préchauffez le four à 220 °C (425 °F).

Vaporisez légèrement une sauteuse de taille moyenne d'huile et faites-la chauffer à feu moyen. Faites-y revenir le poivron et l'oignon nouveau pendant environ 5 minutes, jusqu'à ce qu'ils soient tendres. Ajoutez les épinards et mélangez pendant environ 1 minute, jusqu'à ce qu'ils soient blanchis. Salez avec du sel à la truffe et poivrez. Transférez le mélange sur deux épaisseurs d'essuie-tout pour absorber l'excédent d'humidité.

Dans un petit bol, fouettez l'œuf et les blancs. Vaporisez d'huile une sauteuse antiadhésive allant au four et de taille moyenne et faites-la chauffer à feu moyen-vif. Mettez les œufs dans la sauteuse et, avec une spatule en silicone, mélangez-les rapidement, comme si vous faisiez des œufs brouillés. Quand les œufs commencent à figer, retirez la sauteuse du feu et prenez la spatule, pour lisser le dessus et faire une couche uniforme. Assaisonnez de sel à la truffe, de poivre et d'un zeste de truffe ce qui sera l'intérieur de l'omelette. Saupoudrez de fromage. Pressez tout excédent d'humidité du mélange de légumes avant de l'ajouter en une couche uniforme sur l'omelette.

Enfournez l'omelette et laissez-la 2 à 3 minutes, juste assez longtemps pour que le fromage fonde et que les œufs figent. Sortez-la du four et repliez-la : tenez la sauteuse avec la poignée face à vous et le côté opposé penché vers votre assiette. Avec une spatule, soulevez l'omelette et faites-la glisser dans l'assiette. À mi-parcours, rabattez la moitié qui se trouve encore dans la sauteuse sur celle déjà dans l'assiette. Saupoudrez de parmesan et servez.

POUR 1 PERSONNE | 6 SMARTPOINTS PAR PORTION
258 CALORIES

FRITTATA AUX ASPERGES ET AU CHÈVRE AVEC DU SAUMON FUMÉ

1 botte d'asperges, parties inférieures ligneuses cassées et jetées
8 gros œufs
12,5 cl (1/2 tasse) de lait entier
1 c. à thé de zeste de truffe Sabatino®
115 g de fromage de chèvre crémeux, à température ambiante
1 cl (2 c. à thé) d'huile d'olive vierge extra
1 échalote, hachée
2 c. à soupe d'estragon frais, ciselé
70 g (1/4 de tasse) de yaourt grec nature 2 %
1 cl (2 c. à thé) d'huile à la truffe blanche Sabatino®
Zeste d'1 citron
225 g de saumon fumé, découpé en fines tranches
12 g (1/4 de tasse) de ciboulette fraîche, finement ciselée
1 c. à thé de sel à la truffe Sabatino®
1/2 c. à thé de sel de mer
1/4 c. à thé de poivre noir fraîchement moulu

Préchauffez le four à 175 °C (350 °F). Faites un bain d'eau glacée en remplissant un grand bol de glaçons et d'eau. Portez à ébullition une grande casserole d'eau salée. Plongez-y les asperges et faites-les bouillir environ 3 minutes, jusqu'à ce qu'elles soient al dente. Le temps de cuisson varie selon leur grosseur. Égouttez-les et transférez-les dans le bain d'eau glacée pour arrêter la cuisson. Laissez-les dans le bain environ 1 minute, jusqu'à ce qu'elles soient complètement refroidies, puis égouttez-les avant de les tamponner avec de l'essuie-tout pour les sécher.

Dans un grand bol, fouettez les œufs, puis incorporez le lait, le zeste de truffe et 3/4 de c. à thé de sel à la truffe. Fouettez jusqu'à ce que le zeste de truffe soit dissous. Émiettez le chèvre et mélangez jusqu'à ce qu'il soit complètement incorporé aux œufs, avec seulement quelques morceaux visibles.

Dans une poêle antiadhésive de 25 cm en fonte ou allant au four, faites chauffer l'huile d'olive à feu moyen-vif. Faites-y revenir l'échalote environ 2 minutes, jusqu'à ce qu'elle soit tendre mais pas dorée. Ajoutez les asperges, le sel de mer, 1/4 de c. à thé de poivre noir et l'estragon. Baissez le feu à moyen, versez le mélange à base d'œuf dans la poêle et faites-le cuire sans mélanger 5 à 7 minutes, jusqu'à ce que les bords figent. Enfournez la frittata pour 12 à 15 minutes, jusqu'à ce que l'œuf soit figé et que la frittata soit gonflée et dorée sur le dessus.

Pendant ce temps, dans un bol, fouettez le yaourt, l'huile à la truffe, le zeste de citron et ce qui reste de sel à la truffe.

Sortez la poêle du four et réservez 5 minutes. Étalez le mélange à base de yaourt sur la frittata. Coupez en parts, disposez les tranches de saumon fumé par-dessus et saupoudrez de ciboulette.

POUR 8 PERSONNES | 5 SMARTPOINTS PAR PORTION
180 CALORIES

ŒUF EN 7 MINUTES 30

1 gros œuf
Sel à la truffe Sabatino®

Portez à ébullition à feu vif 1 litre d'eau dans une casserole de taille moyenne. Mettez l'œuf dans une cuillère ou une louche et immergez-le délicatement dans la casserole. Baissez l'intensité du feu pour qu'il soit doux, mettez un chronomètre en route pour 7 minutes 30 et couvrez la casserole. Le temps imparti écoulé, retirez la casserole du feu, videz l'eau et enlevez la coquille sous l'eau froide. Tamponnez l'œuf avec de l'essuie-tout pour bien le sécher et servez-le chaud avec du sel à la truffe saupoudré sur le dessus.

POUR 1 PERSONNE | 2 SMARTPOINTS PAR PORTION | 72 CALORIES

PETIT DÉJEUNER SEXY

Petit déjeuner salsa

2 piments serrano, équeutés

2 piments jalapeño, équeutés

4 gousses d'ail pelées

¼ d'un petit oignon blanc, pelé

2 tomates Roma de taille moyenne

1 petite tomate en branche

Sel

Brouillade

1 gros jaune d'œuf

3 gros blancs d'œuf

0,5 cl (1 c. à thé) d'eau

Huile d'olive vierge extra en spray

1 gros oignon nouveau, parties blanches et vertes, finement émincé

Sel et poivre noir fraîchement moulu

Préparation de la salsa : Préchauffez le four en mode gril. Mettez les piments, l'ail, l'oignon et les tomates dans une lèchefrite ou sur une plaque de cuisson. Placez la lèchefrite ou la plaque à 10 cm du gril et faites cuire 5 à 6 minutes, jusqu'à ce que les aliments soient colorés avec des parties noircies.

Mettez les piments, l'ail, l'oignon et une pincée de sel dans un robot, puis mixez par à-coups pour émincer grossièrement. Ajoutez les tomates (vous pouvez les mettre entières) et mixez jusqu'à ce que les ingrédients soient émiettés et mélangés. Salez et servez dans des bols.

Préparation de la brouillade : Dans un bol, fouettez le jaune et les blancs d'œuf, l'eau et une pincée de sel et de poivre. Vaporisez d'huile une poêle de taille moyenne et faites-la chauffer sur feu moyen-vif. Faites-y revenir l'oignon nouveau environ 30 secondes, jusqu'à ce qu'il soit tendre. Ajoutez les œufs et, avec une spatule, mélangez lentement jusqu'à ce que des grumeaux se forment. Continuez de mélanger environ 1 minute 30, jusqu'à ce que les œufs soient cuits à cœur.

Service : Servez les œufs dans une assiette avec 6,5 cl (¼ de tasse) de salsa. Le reste de salsa se conserve au réfrigérateur jusqu'à une semaine. Servez avec des tranches d'avocat et du pain grillé si vous le souhaitez. C'est bon pour la santé.

POUR 1 PERSONNE | 3 SMARTPOINTS PAR PORTION
130 CALORIES

L'HABITUEL

Chair d'¼ d'avocat

0,5 cl (1 c. à thé) de jus de citron frais, ou à votre convenance

1 tranche de pain complet aux céréales, grillée

2 rondelles de tomate

55 g de dinde fumée

2 feuilles de basilic frais

1 œuf, cuit au plat à feu moyen

Sel et poivre noir fraîchement moulu

Mettez l'avocat dans un petit bol et écrasez-le à la fourchette Ajoutez le jus de citron, salez et poivrez. Étalez l'avocat sur la tranche de pain. Ajoutez les rondelles de tomate, la dinde et le basilic et finissez avec l'œuf au plat sur le dessus. Salez et poivrez avant de servir.

POUR 1 PERSONNE
7 SMARTPOINTS PAR PORTION
281 CALORIES

Rayon de soleil + air frais + personnes que vous aimez = bonheur. Je profite d'un repas à l'extérieur avec Thando, l'une de mes "filles" d'Afrique du Sud.

CHAPITRE

4

UN MONDE DE POSSIBLES

CHAPITRE 4

UN MONDE DE POSSIBLES

JE N'ÉTAIS JAMAIS ALLÉE EN INDE. JE CONNAISSAIS MAL SES COUTUMES, SA CULTURE, SA GÉOGRAPHIE, SA FAUNE, SA FLORE ET SA CUISINE.

En 2012, j'ai donc pris mes collaborateurs de *Next Chapter*, mon équipe de tournage et ma filleule Kirby avec moi et nous sommes partis explorer le monde. Pendant ce voyage, j'ai vu le paradis et la pauvreté. À Jaipur, on m'a réservé un accueil d'un luxe qu'on ne trouve que dans les contes de fées, avec éléphants peints et chameaux parés de bijoux dans la cour d'un palais de 300 pièces, où j'avais été conviée à dîner avec des têtes couronnées. Les femmes portaient des saris de soie aux tons chatoyants et les hommes n'étaient pas moins élégants. La musique était digne d'un grand film, les œuvres d'art et les étoffes semblaient sortir d'un musée. Tout fut exquis.

Le Taj Mahal, "cette larme sur la joue du temps", comme l'a décrit le prix Nobel Rabindranath Tagore, est imposant et intime, bien loin de Kosciusko, dans le Mississippi. C'est l'un des endroits les plus spectaculaires que j'aie vus. Pas étonnant que ce soit l'une des Sept Nouvelles Merveilles du monde !

Dans les quartiers surpeuplés de Mumbai, où vivent 10 millions de personnes, j'ai rencontré une famille qui m'a profondément marquée. Rajesh Hegde-Ray et sa femme, Parvati, mangeaient, dormaient, priaient et élevaient leurs trois filles – des jumelles de 6 ans et leur sœur de 12 ans – dans une seule pièce aux murs bétonnés qui ne mesurait pas plus de trois mètres carrés. Que puis-je dire de cette famille ? Ils n'avaient rien, mais ils avaient le cœur sur la main. Ils donnaient de leur temps, de leur bonté et ils partageaient un autre trésor inoubliable : le masala chai.

Tandis que nous étions assis sur le sol, Parvati passa la main derrière le morceau de tissu qui dissimulait l'essentiel des possessions de la famille, sortit un service à thé et regarda Rajesh préparer le thé le plus merveilleux que j'aie jamais goûté. Était-ce la force du mélange d'épices ou la gentillesse des Hedge-Ray qui faisait sa particularité ? Nous avons bu notre tasse à petites gorgées, nous avons parlé et, pour finir, nous nous sommes serrés dans les bras pour nous dire au revoir. Au moment où j'écris ces lignes, je me rends compte que, tout comme j'avais quitté Jaipur honorée d'avoir assisté à cette soirée de faste, ce fut aussi une fierté de voir une famille rire, se soutenir et vivre en harmonie dans des circonstances qui, pour la plupart des Américains, seraient difficiles à imaginer. Un honneur et un plaisir tout aussi grands.

Quand je repense à ce voyage, je songe à la lumière rose diffuse, à la poésie des voix, au chaos de la circulation, à la bienveillance des gens et à la nourriture. La première fois que j'ai mangé indien, c'était... en Inde ! Ce fut une révélation, à commencer par – vous avez deviné – le pain. Le pain naan est une galette traditionnelle, sans prétention, chaude, moelleuse, légère, généreuse, divine, qui ressemble au fruit des amours d'une pâte à pizza et d'un scone. Le serveur nous a apporté des naans à l'ail et, dès la première bouchée, ce fut le coup de foudre. J'en reprenais encore et encore sans pouvoir m'arrêter, jusqu'à ce qu'un autre serveur, partagé entre l'inquiétude

En 2012, partageant le chai avec la famille Hegde-Ray. Chez eux, on manque d'espace mais pas d'amour.

La méditation régénère mon âme, réaligne mon esprit et me permet de me retrouver ! C'est la clé de la clarté !

J'aime tellement le thé que, depuis mon retour, je fais moi-même le chai. Le thé est une boisson que vous pouvez boire toute la journée sans que cela vous coûte le moindre point.

et la panique, s'approche de la table pour demander : « Madame, faut-il annuler votre repas ? »

De retour, j'ai voulu que les naans et le thé fassent partie de mon quotidien – ainsi que tant d'autres plats merveilleux du monde entier. Maintenant, j'ai un four tandoor pour faire des naans, et je suis contente de pouvoir dire que je suis passée maître dans l'art de préparer le chai.

J'ai fini par comprendre que dans la préparation du thé, il y a de la beauté et une forme d'ordre. Tous les jours, je me lève, je médite, je m'imprègne du silence, puis je prépare le chai. Pendant qu'il infuse, le vide se fait dans ma tête ; tandis que les arômes se développent, mes pensées deviennent plus claires. Je me recentre, je trouve la sérénité. Je me prépare pour la journée et ce qu'elle peut réserver. Je prends conscience de la manière dont la vapeur tourbillonne avant de disparaître ; du parfum aux notes boisées, d'agrumes, épicées ou florales ; de la façon dont, avec le lait d'amandes, la couleur ambrée translucide vire au beige crémeux. J'ajoute une bonne cuillerée de mousse et laisse le mug irradier mes mains de sa chaleur.

Ensuite, il y a la tasse de Stedman – je l'ai rendu accro, lui aussi. Tout au long de la matinée, je me retrouve souvent à faire le chai pour ceux qui travaillent avec moi et pour quiconque vient frapper à ma porte – « Hé monsieur le réparateur, hé monsieur le livreur, je vous offre un chai ? » J'essaie de perpétuer l'esprit d'hospitalité, d'humilité et de générosité avec lequel les Hegde-Ray m'ont accueillie dans leur foyer plein d'amour. Partager une tasse de thé avec une personne, quelle que soit sa langue, quoi qu'elle fasse dans la vie, s'apparente à un acte de grâce. Si l'Inde m'a appris quelque chose, c'est que nous voulons tous la même chose : la santé, le bonheur et un lien solide avec notre propre humanité.

Les recettes de ce chapitre célèbrent les richesses historiques et culturelles, les couleurs et les saveurs et, avant tout, les peuples d'Inde, du Vietnam, de Thaïlande et du Japon. Lorsque vous cuisinez, arrêtez-vous un instant pour faire ce que je fais toujours : penser à la beauté des rituels qui rythment votre vie et laisser de la place autour de votre table pour un convive de plus. *Namasté*.

Vous cherchiez quoi préparer pour un(e) végétarien(ne) ? Ne cherchez plus.

CARI INDIEN À LA CITROUILLE

Cette recette est si nourrissante que je ne peux pas m'empêcher de penser que c'est ce que les grands-mères indiennes préparent quand quelqu'un est enrhumé ! La citrouille ne sert plus seulement à faire des tartes et des lanternes !

INGRÉDIENTS

- 1,5 cl (1 c. à soupe) d'huile de coco
- 1 gros oignon, émincé
- 3 gousses d'ail, râpées au zesteur-râpe
- 2 c. à soupe de gingembre haché
- Graines de 3 capsules de cardamome
- ½ c. à thé de graines de moutarde noire
- 1 c. à thé de cumin moulu
- 1 c. à soupe de coriandre moulue
- 1 c. à thé de curcuma moulu
- 2 c. à thé de garam masala
- 2 piments du Cachemire ou de arbol
- 1 citrouille ou courge d'hiver (1 kg), pelée, épépinée et coupée en dés de 2 cm
- 25 cl (1 tasse) de bouillon de légumes (page 42)
- 1 boîte de 40 cl de lait de coco allégé
- 1 boîte de 425 g de pois chiches, égouttés et rincés
- 1 grosse poignée de feuilles de menthe fraîche, ciselées
- 1 grosse poignée de feuilles de coriandre fraîche, ciselées
- Quartiers de citron vert
- Pains naans (page 122)
- Poivre noir fraîchement moulu
- 2 c. à thé de sel

PRÉPARATION

Dans un grand fait-tout à fond épais, chauffez l'huile à feu moyen-vif. Ajoutez les oignons et faites-les revenir environ 5 minutes jusqu'à ce qu'ils soient tendres. Incorporez l'ail et le gingembre et laissez environ 1 minute sur le feu, le temps que les parfums se libèrent. Intégrez les graines de cardamome et de moutarde, le cumin, la coriandre, le curcuma, le garam masala et les piments et poursuivez la cuisson 1 minute en remuant, jusqu'à ce que le mélange soit bien parfumé. Versez un tout petit peu d'eau sur la préparation si elle commence à adhérer au fond du fait-tout. Ajoutez la citrouille ou la courge, le sel, le bouillon de légumes et le lait de coco. Faites frémir, puis laissez mijoter le temps que la citrouille commence à s'attendrir, soit environ 20 minutes.

Incorporez les pois chiches et faites mijoter 10 minutes de plus, ou jusqu'à ce que la citrouille soit bien tendre. Poivrez et servez dans des bols. Parsemez de menthe et de coriandre, et accompagnez de quartiers de citron vert et de pain naan.

PRÉPARATION	CUISSON	POUR	SMARTPOINTS	CALORIES
15 MINUTES	1 HEURE	6 PERSONNES	6 PAR PORTION	216 PAR PORTION

PILAF AUX MORILLES

RECETTE INSPIRÉE PAR RICK STEIN

Les épices exotiques – garam masala, gingembre, cardamome, cumin pour n'en citer que quelques-unes – me rappellent toujours que le monde regorge de plats extraordinaires. Décidément, il n'y a rien de tel qu'un bon repas pour créer des liens

Vous pouvez utiliser du riz complet.

INGRÉDIENTS	PRÉPARATION
15 g de morilles séchées 43 cl (1 tasse ¾) d'eau chaude 200 g (1 tasse) de riz basmati blanc 1,5 cl (1 c. à soupe) d'huile végétale ½ c. à thé de garam masala 1 oignon de taille moyenne, émincé 1 morceau de gingembre de 2,5 cm, râpé au zesteur-râpe 3 gousses d'ail, râpées au zesteur-râpe 1 poignée de feuilles de coriandre fraîche, ciselées 1 à 3 petits piments verts, hachés ¾ de c. à thé de sel	Mettez les morilles dans un bol de taille moyenne et versez l'eau chaude par-dessus. Placez une petite assiette ou un bol sur les champignons pour les garder immergés et laissez-les se réhydrater pendant 30 minutes. Sortez les morilles de l'eau et mettez-les dans un autre bol. Filtrez l'eau de trempage à l'aide d'une passoire à maille fine dans un autre récipient. Pendant ce temps, versez le riz dans un bol de taille moyenne. Immergez-le sous 2,5 cm d'eau et laissez-le tremper pendant 30 minutes. Égouttez-le et rincez-le. Dans une casserole à fond épais, chauffez l'huile à feu moyen. Cuisez le garam masala en l'incorporant à l'huile pendant à peu près 30 secondes, jusqu'à ce qu'il délivre son arôme. Ajoutez l'oignon et faites-le revenir environ 7 minutes, jusqu'à ce qu'il commence à s'attendrir et se colorer. Incorporez le gingembre et l'ail et attendez 2 minutes qu'ils libèrent leurs arômes. Versez le riz égoutté, poussez le feu à vif et faites rissoler 1 minute, en remuant pour bien imprégner le riz d'huile. Intégrez les morilles réhydratées et leur eau de trempage. Salez, puis portez à ébullition. Baissez l'intensité du feu à moyen-doux, couvrez et laissez cuire 15 minutes. Éteignez le feu et laissez reposer pendant 10 minutes. Enfin, égrainez le riz à l'aide d'une fourchette. Transférez dans un plat, saupoudrez de coriandre et de piment vert et servez.

En Inde, on appelle les morilles "gucchi".

PRÉPARATION	CUISSON	POUR	SMARTPOINTS	CALORIES
15 MINUTES	30 MINUTES	4 PERSONNES	6 PAR PORTION	220 PAR PORTION

Après mon voyage en Inde, nous avons acheté un four tandoor traditionnel pour un maximum d'authenticité.

PAINS NAANS

Il y a quelque chose de très émouvant, de romantique même, dans le fait de goûter un mets en sachant que c'est un plat que des gens mangent depuis des siècles. D'où que l'on vienne, le pain est ce qui nous est commun à tous. S'il y a bien quelque chose qui vous fera tomber raide dingue de la cuisine indienne, c'est le pain naan !

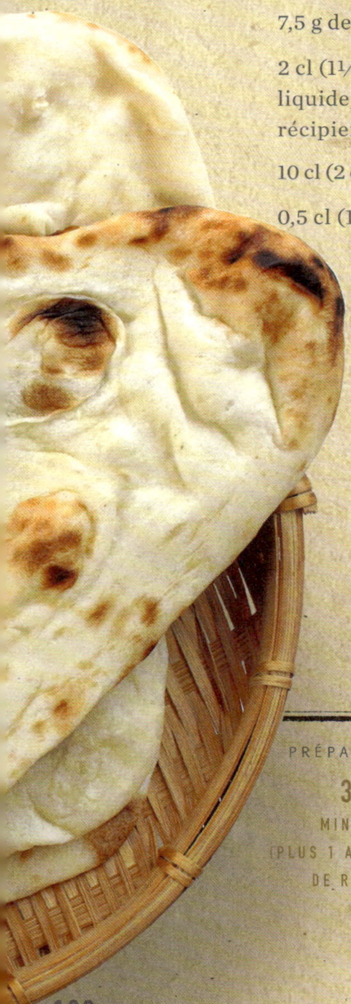

INGRÉDIENTS

- 250 g (2 tasses) de farine tout usage
- 1½ c. à thé de carvi moulu
- 18 cl (¾ de tasse) de lait
- 0,75 cl (1 c. à thé ½) de miel
- 7,5 g de levure sèche active
- 2 cl (1½ c. à soupe) d'huile de coco liquide, un peu plus pour huiler le récipient
- 10 cl (2 c. à thé) de yaourt grec maigre
- 0,5 cl (1 c. à thé) de sel

PRÉPARATION

Dans un grand bol, mélangez au fouet la farine, le carvi et le sel. Mettez le lait à chauffer à feu moyen dans une petite casserole, jusqu'à ce qu'il atteigne 32 °C (90 °F). Incorporez-y le miel en remuant pour le dissoudre, puis ajoutez la levure et laissez 5 minutes sur le feu, jusqu'à ce que de la mousse se forme. Ajoutez à la farine l'huile et le yaourt, puis versez le lait chaud. Mélangez pour obtenir une pâte souple. Ajoutez un peu d'eau chaude si elle semble sèche ou de la farine si elle paraît trop humide.

Fleurez légèrement un plan de travail, pétrissez-y la pâte pendant 5 minutes environ, jusqu'à ce qu'elle soit lisse et tout juste collante. Ajoutez de la farine si elle commence à attacher. Remettez-la dans un bol propre légèrement huilé en la tournant pour l'enduire entièrement. Recouvrez d'un torchon propre et laissez reposer dans un endroit chaud environ 1 heure, jusqu'à ce qu'elle ait doublé de volume.

Chauffez une grande poêle en fonte à feu moyen-vif.

Faites retomber la pâte avec le poing, découpez-la en parts de 30 g et roulez ces dernières en boules. Sur un plan de travail légèrement fleuré, avec un rouleau à pâtisserie saupoudré de farine, formez des ronds d'une vingtaine de centimètres de diamètre et de 5 mm d'épaisseur. Ajoutez de la farine tout en étalant si nécessaire, puis étirez un côté pour obtenir une forme de goutte grossière. En travaillant les boules de pâte une par une, saisissez chaque naan dans la poêle, jusqu'à ce qu'il se mette à gonfler et à brûler dessous, au bout d'1 ou 2 minutes. Retournez et laissez sur le feu encore 1 ou 2 minutes, jusqu'à ce que l'autre côté commence à brûler. Étalez le reste de la pâte et faites cuire les naans suivants, en les plaçant dans un panier muni d'un linge dès qu'ils sont prêts pour qu'ils ne refroidissent pas.

PRÉPARATION	CUISSON	POUR	SMARTPOINTS	CALORIES
30 MINUTES (PLUS 1 À 2 HEURES DE REPOS)	4 MINUTES CHACUN	20 PERSONNES	2 PAR PORTION	68 PAR PORTION

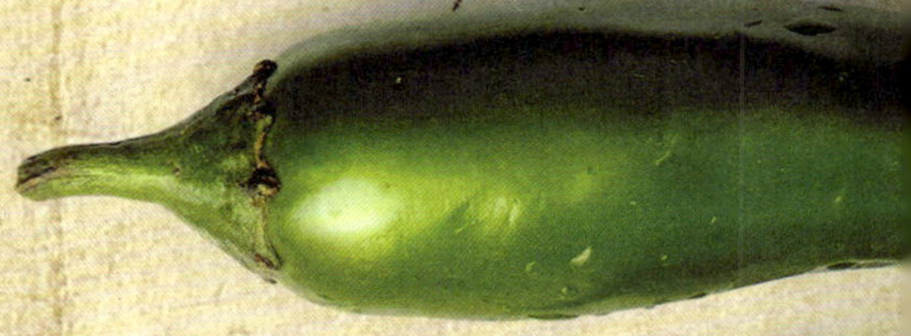

CURRY SEC DE CREVETTES

J'adore les recettes qui ne salissent qu'un seul plat, pas vous ? Celle-ci est rapide, facile et ne nécessite presque aucun nettoyage. Pour ne rien gâcher, elle contient de l'huile de coco, du gingembre et du curcuma – des ingrédients exotiques diablement bons pour le corps et l'esprit.

INGRÉDIENTS

- 3 cl (2 c. à soupe) d'huile de coco
- 450 g de grosses crevettes décortiquées et déveinées
- 1 c. à soupe de gingembre finement haché
- 4 piments verts frais, avec leurs graines, coupés en deux dans le sens de la longueur, chacune moitié coupée à son tour en trois
- 4 échalotes émincées
- 2 piments du Cachemire secs déchiquetés
- 6 feuilles de curry
- 1 tasse de noix de coco râpée, fraîche ou décongelée
- ¼ de c. à thé de curcuma moulu
- 2 c. à thé de concentré de tamarin dissout dans 6 cl (¼ de tasse) d'eau
- Sel

Attention à la cuisson des crevettes : 1 ou 2 minutes de trop, et elles se transforment en caoutchouc !

PRÉPARATION

Dans une grande poêle, chauffez 1 cuillère à soupe d'huile à feu moyen-vif. Salez les crevettes et répartissez-les dans la poêle sur une seule couche. Faites-les revenir environ 2 minutes de chaque côté, jusqu'à ce que leurs deux faces aient rosi, en les retournant à l'aide de pinces. Transférez les crevettes dans une assiette.

Mettez la cuillère à soupe d'huile restante dans la poêle. Ajoutez le gingembre, les piments verts et les échalotes, et faites-les revenir environ 3 minutes sans cesser de remuer, jusqu'à ce que le mélange devienne tendre et doré. Incorporez les piments du Cachemire et les feuilles de curry et laissez sur le feu 1 minute ou le temps que les échalotes et le gingembre soient bien colorés.

Ajoutez la noix de coco et le curcuma et faites revenir 3 minutes en remuant constamment, jusqu'à ce que la noix de coco soit bien dorée. Incorporez le tamarin, salez et laissez cuire le tout encore 3 minutes, toujours en tournant, jusqu'à ce que tout le liquide soit absorbé. La noix de coco doit devenir non plus fondante, mais croustillante. Remettez les crevettes dans la poêle pour 2 minutes environ, sans cesser de remuer, jusqu'à ce qu'elles soient complètement roses, cuites à l'intérieur et bien enrobées de noix de coco. Goûtez et resalez si nécessaire. Répartissez dans des bols pour servir.

PRÉPARATION	CUISSON	POUR	SMARTPOINTS	CALORIES
15 MINUTES	10-15 MINUTES	6 PERSONNES	5 PAR PORTION	157 PAR PORTION

CREVETTES GRILLÉES EN ROULEAUX DE LAITUE, SAUCE DOUCE PIMENTÉE, MANGUE ET NOIX DE COCO TORRÉFIÉE

C'est la recette parfaite pour l'été. J'aime bien tout préparer juste avant de servir. Il suffit de mettre les crevettes sur un grand plat avec les feuilles de laitue, un bol de mangue et la noix de coco au four en accompagnement. Laissez vos invités confectionner eux-mêmes leurs rouleaux de laitue et régalez-vous !

INGRÉDIENTS

- 450 g de grosses crevettes décortiquées et déveinées
- 1,5 cl (1 c. à soupe) d'huile de coco liquide
- 12,5 cl (½ tasse) de sauce douce pimentée thaïe, plus de quoi mettre sur la table
- Zeste et jus de 2 citrons verts
- 75 g (1 tasse) de flocons de noix de coco non sucrés
- 2 mangues pelées, dénoyautées et coupées en petits dés
- 10 g (¼ de tasse) de ciboulette fraîche, hachée
- 20 g (½ tasse) de feuilles de coriandre fraîche, hachées
- 1 laitue beurre, avec les feuilles séparées
- 1 c. à thé de sel marin

PRÉPARATION

Préchauffez le four à 180 °C (350 °F). Placez les crevettes dans un grand bol et enduisez-les d'huile et de sel. Versez par-dessus la sauce douce pimentée et la moitié du zeste de citron vert, puis laissez mariner pendant 10 minutes à température ambiante.

Étalez la noix de coco sur une plaque de cuisson et passez-la au four pendant 8 à 10 minutes, jusqu'à ce qu'elle se colore légèrement. Surveillez-la car elle peut vite brûler ! Sortez-la du four et transférez-la dans une assiette pour la laisser refroidir.

Chauffez un gril ou une poêle-gril à feu moyen-vif. Répartissez les crevettes sur une seule couche et faites-les revenir environ 3 minutes de chaque côté, jusqu'à ce qu'elles soient bien dorées sur les deux faces, en les retournant à l'aide de pinces. Transférez les crevettes dans un bol de service.

Placez les morceaux de mangue dans un petit bol et versez par-dessus le reste de zeste de citron vert, la ciboulette et la coriandre.

Disposez les feuilles de laitue sur un plat. Mettez à disposition de la sauce douce pimentée dans un petit bol pour y tremper les rouleaux. Présentez la mangue et la noix de coco dans des bols de service et invitez vos convives à confectionner eux-mêmes leurs rouleaux.

PRÉPARATION	CUISSON	POUR	SMARTPOINTS	CALORIES
15 MINUTES	10 MINUTES	8 PERSONNES	6 PAR PORTION	201 PAR PORTION

Si vous aimez la sauce tomate encore plus épicée, vous pouvez remplacer une pincée de paprika par une pincée de piment de Cayenne !

POULET TIKKA MASALA, ACCOMPAGNÉ DE RIZ BASMATI BRUN

S'il y a un plat sur lequel on est sûr de tomber dans n'importe quel restaurant indien, c'est celui-ci. Je le déguste parfois avec du pain naan. C'est un peu comme une pizza indienne !

INGRÉDIENTS

Marinade pour le poulet

3 gousses d'ail hachées

1 morceau de gingembre de 2,5 cm, haché

¼ d'oignon jaune de taille moyenne, haché

Jus d'1 citron vert

1 c. à thé de cumin moulu

1 c. à thé de coriandre moulue

¼ c. à thé de piment de Cayenne moulu

2 c. à thé de paprika

4,5 cl (3 c. à soupe) de yaourt grec maigre

900 g de cuisses de poulet désossées et sans peau, détaillées en cubes de 3,5 cm

1 c. à thé de sel casher

Sauce

0,5 cl (1 c. à thé) de ghee ou d'huile de canola

¼ d'oignon rouge de taille moyenne, émincé

1 morceau de gingembre de 1 cm, haché

4 gousses d'ail, hachées

1 c. à thé de coriandre moulue

1 c. à thé de cumin moulu

1 c. à thé de flocons de piment rouge écrasés

1 feuille de laurier

2 tasses de purée de tomates façon passata

0,5 cl (¼ de tasse) de crème fraîche épaisse

1 cl (2 c. à thé) de jus de citron vert frais

Sel

Riz basmati brun

200 g (1 tasse) de riz basmati brun

0,25 cl (½ C. à thé) de ghee ou d'huile de canola

4 clous de girofle entiers

25 cl (1 tasse) d'eau ou de bouillon de poulet maison (page 42)

½ c. à thé de sel de mer fin

PRÉPARATION

Pour faire mariner le poulet : Mélangez tous les ingrédients de la marinade dans un saladier, ajoutez le poulet et remuez pour l'enduire de la préparation. Réservez au réfrigérateur et laissez mariner 2 heures, en remuant une ou deux fois.

Pour rôtir le poulet : Préchauffez votre four position gril. Placez le poulet dans un plat à rôtir, en retirant la majeure partie de la marinade, et faites-le griller jusqu'à ce qu'il noircisse par endroits, c'est-à-dire environ 10 minutes (ce n'est pas grave si le poulet n'est pas cuit à cœur, il finira sa cuisson dans la sauce).

Pour la sauce et la finition du poulet : Faites chauffer le ghee dans une grande casserole à feu moyen-vif. Ajoutez l'oignon et faites-le revenir 5 minutes environ, le temps qu'il soit bien doré. Ajoutez le gingembre, l'ail, la coriandre, le cumin, les flocons de piment rouge et le laurier, et laissez cuire 1 minute en remuant, jusqu'à ce que les arômes se dégagent. Versez un tout petit peu d'eau si le mélange adhère au fond. Incorporez les tomates, faites frémir la préparation, puis réduisez le feu et laissez mijoter pendant 15 minutes. Ajoutez le poulet et la crème, puis poursuivez la cuisson 15 minutes. Retirez le laurier, salez, incorporez le jus de citron vert et servez sur le riz.

Pour le riz : Préchauffez le four à 180 °C (350 °F). Versez le riz dans une passoire et rincez-le à l'eau froide du robinet. Secouez-le pour bien l'égoutter. Faites chauffer le ghee à feu moyen dans une casserole de taille moyenne qui va au four. Ajoutez les clous de girofle et faites-les cuire environ 1 minute, jusqu'à ce qu'ils libèrent leurs arômes. Incorporez le riz et faites-le rissoler en remuant souvent pendant 1 ou 2 minutes, jusqu'à ce qu'il se colore légèrement et se parfume. Incorporez l'eau et le sel et faites frémir la préparation. Couvrez et enfournez pour 40 minutes ou le temps que toute l'eau soit absorbée. Sortez la casserole du four, laissez reposer 10 minutes à couvert, puis égrainez le riz et servez.

PRÉPARATION	CUISSON	POUR	SMARTPOINTS	CALORIES
30 MINUTES (PLUS 2 HEURES DE MARINADE)	40 MINUTES	6 PERSONNES	10 PAR PORTION	425 PAR PORTION

SALADE DE POULET VIETNAMIENNE

Voici le mariage parfait entre couleurs, textures, légèreté et consistance. Ce plat est vraiment très joli dans une assiette, donc si l'on dit vrai quand on prétend que l'on mange d'abord avec les yeux, vous allez adorer avant même la première bouchée.

INGRÉDIENTS

Salade

4 filets de poulet sans la peau

900 g (4 tasses) de chou nappa, coupé en lanières

4 oignons verts, émincés en diagonale

225 g (2 tasses) de pois mange-tout, émincés

3 carottes moyennes, émincées en diagonales et coupées en bâtonnets

1 poivron rouge, débarrassé de sa partie centrale et de ses pépins et émincé

15 g (½ tasse) de feuilles de menthe fraîche, déchirées en morceaux

15 g (½ tasse) de feuilles de coriandre fraîche, déchirées en morceaux

½ tasse de noix de cajou grillées, concassées

1 c. à soupe de graines de sésame noir

1 c. à thé de sel, ou à votre convenance

Vinaigrette

10 cl (⅓ de tasse) de jus de citron vert frais

1 piment serrano, épépiné et haché

3 gousses d'ail, râpées au zesteur-râpe

1 morceau de gingembre de 2,5 cm, râpé au zesteur-râpe

1,5 cl (1 c. à soupe) de sirop d'agave

4,5 cl (3 c. à soupe) de sauce de poisson (nuoc-mâm)

1,5 cl (1 c. à soupe) d'huile de sésame grillé

PRÉPARATION

Pour faire pocher le poulet, mettez les filets dans une casserole de taille moyenne. Immergez-les sous 5 cm d'eau, puis ajoutez ½ c. à thé de sel. Faites frémir à feu moyen-vif, puis baissez l'intensité du feu et laissez mijoter tout doucement pendant 15 minutes environ, le temps que les filets soient cuits à cœur. Leur température mesurée avec un thermomètre à lecture instantanée doit indiquer 70 °C (160 °F). Transférez le poulet de l'eau de cuisson à une planche à découper, laissez refroidir complètement, puis émiettez-le avec les doigts ou deux fourchettes.

Pour composer la salade, mélangez dans un large bol le chou, les oignons verts, les pois mange-tout, les carottes et le poivron avec le reste du sel. Dans un bol à part, fouettez les ingrédients de la vinaigrette, puis mélangez bien celle-ci aux légumes. Laissez reposer 10 minutes, puis ajoutez le poulet émietté et mélangez pour bien l'enrober. Goûtez et ajoutez du sel ou du jus de citron vert si nécessaire. Incorporez la menthe et la coriandre, saupoudrez de morceaux de noix de cajou et de graines de sésame, puis servez.

PRÉPARATION	CUISSON	POUR	SMARTPOINTS	CALORIES
25 MINUTES	15 MINUTES	6 PERSONNES (ENVIRON 12 TASSES)	6 PAR PORTION	251 PAR PORTION

Tout est meilleur avec de la menthe fraîche !

Ce plat a vraiment un air de fête.
Il a la saveur des jours fériés
que l'on attend impatiemment.

POULET AUX ABRICOTS AUX ÉPICES INDIENNES

RECETTE INSPIRÉE PAR RICK STEIN

Si vous ou vos invités n'avez pas souvent l'occasion de goûter la cuisine indienne, cette recette est une parfaite entrée en matière. Les convives n'arriveront pas forcément à identifier toutes les épices ; ils sauront juste qu'ils en veulent encore !

INGRÉDIENTS

- 1½ c. à thé de piment du Cachemire moulu
- 1 c. à thé de cumin moulu
- 1 c. à thé de coriandre moulue
- 1 c. à thé de garam masala
- ½ c. à thé de curcuma moulu
- ½ c. à thé de cannelle moulue
- ½ c. à thé de piment de Cayenne moulu
- ¼ de c. à thé de cardamome moulue
- ¼ de c. à thé de clous de girofle moulus
- ¼ de c. à thé de poivre noir concassé
- 1 poulet (1,5 kg), détaillé en 8 morceaux, sans la peau
- 3 cl (2 c. à soupe) d'huile d'olive vierge extra
- 1 oignon moyen, émincé
- 1 morceau de gingembre de 2,5 cm, pelé et râpé
- 3 gousses d'ail, pelées et hachées
- 4 tomates italiennes moyennes, épépinées et coupées en petits morceaux
- 3 cl (2 c. à soupe) de vinaigre de vin blanc
- 1 c. à thé de sucre roux
- 110 g (¾ de tasse) d'abricots séchés, coupés en quartiers
- Feuilles et tiges tendres d'½ bouquet de coriandre
- 1 c. à thé de sel, à ajuster à votre convenance

PRÉPARATION

Préchauffez le four à 190 °C (375 °F). Dans un petit bol, mélangez le piment du Cachemire, le cumin, la coriandre, le garam masala, le curcuma, la cannelle, le piment de Cayenne, la cardamome, les clous de girofle et le poivre noir. Assaisonnez le poulet sur toute sa surface avec la moitié du mélange d'épices et ½ c. à thé de sel.

Dans une grande poêle à frire qui va au four, chauffez l'huile à feu moyen-vif. Faites revenir l'oignon 5 minutes, en remuant jusqu'à ce qu'il soit légèrement doré. Ajoutez le gingembre et l'ail et faites revenir 2 minutes, le temps que le tout soit parfumé. Mettez le poulet dans la poêle et faites-le revenir pendant 3 à 4 minutes de chaque côté, jusqu'à ce qu'il soit légèrement doré partout. Incorporez la moitié restante du mélange d'épices, les tomates, le vinaigre, le sucre roux, les abricots et la dernière ½ c. à thé de sel. Versez de l'eau pour que le poulet soit immergé au trois quarts. Portez le mélange à ébullition, couvrez et éteignez le feu. Enfournez et laissez cuire pendant 30 à 40 minutes. Un thermomètre à lecture instantanée, introduit dans l'un des filets, doit indiquer 75 °C (165 °F).

Sortez la poêle du four. À l'aide de pinces, transférez les morceaux de poulet dans un plat de service. Remettez la poêle sur le gaz et faites chauffer la sauce à feu vif, sans couvercle, environ 10 minutes, jusqu'à ce qu'elle épaississe. Incorporez la coriandre et servez.

PRÉPARATION	CUISSON	POUR	SMARTPOINTS	CALORIES
20 MINUTES	30-40 MINUTES	4 PERSONNES	9 PAR PORTION	373 PAR PORTION

Si vous n'avez pas de poisson frais, la vinaigrette est aussi délicieuse sur du thon albacore en boîte égoutté.

THON POIVRÉ

La vinaigrette allégée de cette recette va si bien avec tout, des nouilles au poulet en passant par les haricots verts, que j'en emporte parfois quand je ne mange pas à la maison. J'aime bien en avoir une réserve au frigo.

Le mirin est un vin utilisé en cuisine ; vous le trouverez → au rayon 'es produits asiatiques de votre upermarché.

INGRÉDIENTS

Vinaigrette épicée au sésame et au gingembre

1,5 cl (1 c. à soupe) d'huile de sésame grillé

4,5 cl (3 c. à soupe) de sauce soya ou tamari

1½ c. à soupe de gingembre frais, râpé au zesteur-râpe

4,5 cl (3 c. à soupe) de vinaigre de riz

1,5 cl (1 c. à soupe) de mirin

1 c. à soupe d'échalote, hachée

1 c. à soupe de piment jalapeño, épépiné et haché

1,5 cl (1 c. à soupe) de miel

Poisson

350 g de thon albacore ou ahi (voir note) qualité sashimi en un seul pavé

1½ c. à soupe de graines de sésame blanc ou noir

1,5 cl (1 c. à soupe) d'huile de sésame grillé

3 petits concombres, coupés en rondelles

4 radis, coupés en rondelles

125 g (1 tasse) de jeunes pousses ou de graines de tournesol germées

2 oignons verts, hachés

1 c. à soupe de poivre noir grossièrement moulu

½ c. à thé de sel

PRÉPARATION

Pour la vinaigrette : Mixez l'huile de sésame grillé, la sauce soya ou tamari, le gingembre, le vinaigre, le mirin, l'échalote, le piment jalapeño et le miel jusqu'à obtenir une texture lisse.

Pour la cuisson du poisson : Salez le poisson sur ses deux faces. Dans une grande assiette plate, mélangez le poivre noir et les graines de sésame, posez le morceau de poisson dans le mélange et appuyez délicatement dessus.

Chauffez l'huile de sésame grillé à feu moyen-vif dans une grande poêle. Saisissez-y le poisson 1 minute de chaque côté. Il est alors saignant, mais vous pouvez adapter la cuisson à votre goût. Transférez le thon sur une planche à découper et tranchez-le finement, dans le sens contraire du grain.

Disposez les rondelles de concombre, de radis et les jeunes pousses sur un plat de service de manière à former un nid pour le poisson. Posez celui-ci et garnissez-le d'oignons verts. Arrosez de 5 cl de sauce, en gardant le reste pour une autre recette. Servez immédiatement.

Note : le poisson frais peut être remplacé par du thon albacore en boîte égoutté.

PRÉPARATION	CUISSON	POUR	SMARTPOINTS	CALORIES
20 MINUTES	7 MINUTES	4 PERSONNES	4 PAR PORTION	186 PAR PORTION

CARI ROUGE THAÏ AUX CREVETTES ET À L'ANANAS

J'adore les incroyables strates de saveurs de cette recette lumineuse, épicée, légèrement sucrée et pleine de fraîcheur.

INGRÉDIENTS

1,5 cl (1 c. à soupe) d'huile de coco
1 morceau de gingembre de 2,5 cm, râpé au zesteur-râpe
2 échalotes, hachées
3 oignons verts, la partie blanche seulement, hachés
2 gousses d'ail, hachées
1 piment serrano, épépiné et émincé
3 c. à soupe de pâte de curry rouge
1 boîte de 40 cl de lait de coco allégé non sucré
1 cl (2 c. à thé) de sauce de poisson (nuoc-mâm) thaïe
1 cl (2 c. à thé) de sirop d'agave
675 g de grosses crevettes, décortiquées et déveinées
225 g (1 tasse) de pois mange-tout, émincés
1 poivron rouge, débarrassé de sa partie centrale, épépiné et coupé en julienne
1 poivron jaune, débarrassé de sa partie centrale, épépiné et coupé en julienne
1 courgette moyenne, coupée en cubes de 0,5 cm
Jusqu'à 12,5 cl (½ tasse) de bouillon de légumes (page 42)
125 g (1 tasse) de petits pois frais ou décongelés
330 g (1 tasse) de cubes d'ananas frais de 0,5 cm
Zeste et jus d'1 citron vert, à ajuster à votre convenance
Sel marin

Garniture

Ciboulette fraîche, ciselée
Basilic thaï frais, ciselé
Feuilles de coriandre entières
Riz cuit à la vapeur pour accompagner (optionnel)

PRÉPARATION

Chauffez l'huile à feu moyen dans une grande sauteuse. Faites revenir le gingembre, les échalotes, les oignons verts, l'ail et le piment pendant environ 5 minutes, en mélangeant souvent, jusqu'à ce que les échalotes soient tendres. Ajoutez la pâte de curry rouge et prolongez la cuisson 4 minutes en remuant bien et en ajoutant un tout petit peu d'eau si la pâte commence à attacher au fond de la sauteuse.

Versez le lait de coco, la sauce de poisson et le sirop d'agave et faites frémir. Ajoutez les crevettes, les pois mange-tout, les poivrons et la courgette. Attendez que la préparation frémisse, puis réduisez l'intensité du feu pour laisser mijoter à feu moyen-doux pendant 8 minutes, ou jusqu'à ce que les crevettes soient cuites à cœur. Les légumes doivent rester un peu croquants. Complétez avec du bouillon de légumes si nécessaire pour éviter que le mélange s'assèche. Ajoutez les petits pois, l'ananas, le jus et le zeste de citron vert et salez. Enlevez du feu et incorporez les herbes pour la garniture. Vous pouvez servir avec du riz.

PRÉPARATION	CUISSON	POUR	SMARTPOINTS	CALORIES
30 MINUTES	30 MINUTES	6 PERSONNES	6 PAR PORTION	253 PAR PORTION

RIZ POÊLÉ À L'ANANAS

Coloré, acidulé et prêt en un clin d'œil, ce plat doit son petit goût de tropiques à l'ananas. La touche de citron vert lui apporte de l'éclat.

INGRÉDIENTS

- 1,5 cl (1 c. à soupe) d'huile de sésame grillé
- ¼ d'oignon jaune, haché
- 2 gousses d'ail, hachées
- 30 g (2 c. à soupe) de carottes, coupées en dés
- 175 g (½ tasse) d'ananas frais, coupé en dés
- 420 g (3 tasses) de riz cuit froid (peut être préparé la veille)
- 0,75 cl (1½ c. à thé) de sauce de poisson (nuoc-mâm)
- 0,75 cl (1½ c. à thé) de sauce soja
- 2 gros œufs battus
- 15 g (2 c. à soupe) de petits pois frais ou décongelés
- 1 oignon vert, émincé
- 2 g (1 c. à soupe) de coriandre fraîche, hachée
- Jus d'1 citron vert
- 1 c. à thé de poivre blanc fraîchement moulu
- Sel

PRÉPARATION

Chauffez l'huile à feu moyen dans une grande poêle antiadhésive. Faites revenir l'oignon pendant 5 minutes environ, le temps qu'il s'attendrisse, puis ajoutez l'ail. Laissez cuire encore 1 minute, le temps que les arômes se libèrent. Incorporez les carottes, l'ananas et le riz, puis mélangez bien. Ajoutez la sauce de poisson, la sauce soja et le poivre blanc. Augmentez l'intensité du feu jusqu'à ce qu'il soit moyen-vif, et poursuivez la cuisson pendant 2 minutes en remuant.

À l'aide d'une spatule, poussez le riz vers les bords de la poêle pour creuser une sorte de puits. Versez-y les œufs battus, laissez cuire 30 secondes, puis recouvrez-les du riz. Attendez entre 30 secondes et 1 minute, puis remuez jusqu'à ce que l'œuf soit complètement solide et bien mêlé au riz, au bout d'1 minute supplémentaire à peu près. Ajoutez les petits pois et attendez qu'ils soient chauds à l'intérieur. Salez si nécessaire, puis incorporez l'oignon vert, la coriandre et le jus de citron vert et servez.

PRÉPARATION	CUISSON	POUR	SMARTPOINTS	CALORIES
20 MINUTES	15 MINUTES	6 PERSONNES	4 PAR PORTION	163 PAR PORTION

Utilisez ce qui reste de l'ananas pour agrémenter un yaourt nature.

J'aime tellement ce plat que j'en fais un repas complet.

SALADE DE RIZ BRUN JAPONAIS, CHOU KALE, AVOCAT ET EDAMAME

RECETTE DE PAULA NEL

Je sais que cette salade a plus de points que d'autres, mais c'est le petit prix à payer pour tous les nutriments qu'elle vous apporte. Par exemple : 100 g (½ tasse) d'edamame (fèves de soja japonaises bouillies ou cuites à la vapeur) contiennent 9 g de protéines et presque autant de fibres que de glucides. On y trouve aussi environ 10 % des besoins quotidiens en vitamine A, ainsi que du fer en quantité – presque autant que 120 g de filet de poulet rôti.

INGRÉDIENTS

Bouillon dashi

1 litre d'eau

1 morceau (10 cm) d'algue kombu

30 g (1 tasse) de flocons de bonite

Salade de riz

400 g (2 tasses) de riz brun à grains courts japonais

3 gousses d'ail, émincées

4,5 cl (3 c. à soupe) d'huile d'olive vierge extra

250 g (2 tasses) de feuilles de chou kale, grossièrement hachées

200 g (1 tasse) d'edamames, cuits

¼ de tasse de graines de citrouille, grillées

¼ de tasse de graines de tournesol, grillées

¼ de tasse de graines de sésame, grillées

3 cl (2 c. à soupe) de sauce soja claire, à ajuster à votre convenance

1,5 cl (1 c. à soupe) de jus de yuzu ou de citron, ou à votre convenance

Parties blanches et vert clair de 2 oignons verts émincées

1 avocat mûr, coupé en deux, dénoyauté, la chair découpée sur la peau

Sel

PRÉPARATION

Pour le bouillon dashi : Mélangez l'eau et le kombu dans une grande casserole et faites chauffer à feu moyen-vif jusqu'à ce que le liquide frémisse. Réduisez immédiatement le feu jusqu'à ce qu'il soit doux et laissez mijoter 10 minutes. Retirez du feu et ajoutez les flocons de bonite. Couvrez et laissez reposer 15 minutes, le temps que les flocons infusent. Filtrez le dashi avec une passoire à mailles fines et jetez les aliments solides.

Pour le riz : Rincez la casserole utilisée pour le dashi, remettez-y le bouillon et portez à ébullition à feu moyen-vif. Ajoutez le riz et 1 c. à thé de sel, puis refaites chauffer jusqu'à frémissement. Baissez le feu jusqu'à ce qu'il soit doux, couvrez et laissez mijoter 45 minutes, le temps que le riz ait cuit en absorbant l'eau. Retirez du feu, laissez reposer 10 minutes avec le couvercle, puis égrainez le riz avec une fourchette. Transférez dans un bol de service et laissez refroidir à température ambiante.

Pendant que le riz cuit, préparez l'huile aillée : Dans un tout petit récipient (un verre mesureur solide en inox convient) ou une poêle, mélangez l'ail et l'huile. Faites frémir à feu doux environ 5 minutes, le temps que le mélange se colore légèrement et dégage une bonne odeur.

Pour composer la salade : Mettez le chou kale dans un bol de taille moyenne, ajoutez une pincée de sel et frottez les feuilles entre vos doigts 1 à 2 minutes, jusqu'à ce qu'elles soient légèrement ramollies. Incorporez-les au riz, puis versez l'ail et son huile, les edamames, la majeure partie des graines de citrouille, de tournesol et de sésame (en réservant le reste pour la présentation), la sauce soja, le jus de yuzu ou de citron et les oignons verts. Salez, poivrez et ajoutez l'avocat avant de servir. Présentez dans des bols et saupoudrez les graines réservées.

PRÉPARATION	CUISSON	POUR	SMARTPOINTS	CALORIES
20 MINUTES	10 MINUTES	8 PERSONNES	9 PAR PORTION	332 PAR PORTION

CREVETTES ACCOMPAGNÉES DE PURÉE CAROTTES-GINGEMBRE ET DE CARAMEL D'OIGNON AU TAMARIN

Qu'est-ce que les restaurants chinois savent faire mieux que beaucoup de cuisiniers amateurs ? Les marinades ! Certaines techniques de marinade propres à la cuisine chinoise permettent d'obtenir une viande juteuse et succulente.

INGRÉDIENTS

Purée carotte gingembre

- 450 g de carottes émincées
- 12,5 cl (1½ tasse) de jus de carotte
- 1 c. à soupe de gingembre, râpé au zesteur-râpe
- ½ c. à thé de sel

Crevettes et marinade

- 450 g de crevettes moyennes, décortiquées et déveinées
- 25 g (2 c. à soupe) de fécule de maïs
- 0,5 cl (1 c. à thé) d'oignon en poudre
- 0,6 cl (¼ de tasse) de vin de Shaoxing ou de Xérès
- 2 c. à thé de gingembre, râpé au zesteur-râpe
- 2 c. à thé d'ail, râpé au zesteur-râpe
- 1 c. à thé de poivre blanc moulu
- ½ c. à thé de sel

Caramel d'oignon au tamarin

- 1 c. à soupe de concentré de tamarin
- ½ oignon jaune de taille moyenne, haché
- 0,6 cl (¼ de tasse) de sauce de poisson (nuoc-mâm)
- 0,6 cl (¼ de tasse) de jus de carotte
- 2 gousses d'ail râpées au zesteur-râpe
- 340 g (1½ tasse) de sucre

Pour enrober et poêler les crevettes

- Blancs de 2 gros œufs
- 25 g (2 c. à soupe) de fécule de maïs
- 12,5 cl (½ tasse) d'huile de canola
- ½ c. à thé de sel

Garniture

- Carottes multicolores, coupées en julienne
- Oignons verts, émincés
- Feuilles de coriandre fraîche

PRÉPARATION

Pour la purée carottes-gingembre : Mélangez les carottes, le jus de carotte, le gingembre et le sel dans une casserole de taille moyenne. Portez à ébullition à feu moyen-vif. Baissez ensuite l'intensité du feu à moyen-doux et faites mijoter 25 minutes, ou jusqu'à ce que les carottes soient très tendres.

Égouttez les carottes en réservant l'eau de cuisson. Transférez-les dans un blender et mixez-les jusqu'à obtenir une texture lisse. Arrêtez l'appareil de temps en temps pour racler les parois quand c'est nécessaire et versez progressivement du liquide de cuisson, à raison de 1 c. à soupe à la fois, pour obtenir la consistance d'une purée.

Pendant que les carottes cuisent, faites mariner les crevettes : Rincez les crevettes sous l'eau froide du robinet, égouttez-les et séchez-les avec de l'essuie-tout. Dans un bol de taille moyenne, mélangez au fouet la fécule de maïs, le poivre blanc, l'oignon en poudre et le sel. Incorporez le vin, le gingembre et l'ail. Ajoutez les crevettes et remuez pour les enrober de marinade. Laissez reposer au réfrigérateur 30 minutes.

Pendant que les crevettes sont en train de mariner, préparez le caramel d'oignon au tamarin : Dans un blender, mélangez le concentré de tamarin, l'oignon, 6,5 cl d'eau, la sauce de poisson et le jus de carotte. Travaillez le mélange jusqu'à obtenir une texture lisse. Ajoutez l'ail à la fin.

Dans une petite casserole lourde, par exemple en fonte, mélangez le sucre avec 0,5 cl d'eau. Chauffez le mélange à feu moyen-vif environ 3 minutes sans y toucher, jusqu'à ce que le sucre soit dissous. Retirez les cristaux de sucre qui peuvent se former sur les côtés avec un pinceau à pâtisserie humide.

PRÉPARATION	CUISSON	POUR	SMARTPOINTS	CALORIES
30 MINUTES	1 HEURE	6 PERSONNES	10 PAR PORTION	324 PAR PORTION

Le caramel est relevé, savoureux, riche et sucré. N'hésitez pas à en faire d'avance pour en mettre aussi sur du poulet !

PRÉPARATION (SUITE)

Laissez sur le feu en faisant légèrement tourner la casserole pour maintenir le mélange en mouvement. La préparation va faire des bulles et prendre une couleur plus intense. Quand le caramel est ambre moyennement foncé, au bout de 5 à 7 minutes, ajoutez le mélange au tamarin et retirez du feu. Il va y avoir un fort bouillonnement. Quand il est un peu retombé, refaites chauffer à feu moyen 10 minutes, ou jusqu'à ce que le caramel prenne la consistance du miel liquide. Si la préparation menace de déborder, retirez-la du feu quelques secondes jusqu'à ce qu'elle retombe. Notez qu'elle va continuer à épaissir en refroidissant. Le caramel en trop peut se conserver au réfrigérateur ou se réchauffer pour être fluidifié. Il peut servir de marinade pour du poulet ou des fruits de mer.

Pour enrober et poêler les crevettes : Mixez les blancs d'œuf et le sel dans un blender à vitesse lente, jusqu'à ce que le mélange soit mousseux. Ajoutez la fécule de maïs sans arrêter le mixeur, en passant doucement à la vitesse moyenne, jusqu'à ce que les blancs laissent des pointes molles à fermes. Sortez les crevettes de la marinade, égouttez-les et mettez-les dans les blancs pour les enrober.

Placez une grille sur une plaque de cuisson. Mettez l'huile à chauffer à feu moyen dans un wok ou une grande poêle. À l'aide de pinces, saisissez les crevettes une par une en faisant attention aux projections d'huile. Laissez-les cuire 2 minutes de chaque côté, jusqu'à ce qu'elles soient dorées et cuites à cœur. Quand une crevette est prête, placez-la sur la grille. Gardez-les au chaud dans un four à 100 °C (200 °F).

Pour servir : Disposez les crevettes dans les assiettes, ajoutez une cuillerée de purée carottes-gingembre, un filet de caramel et parsemez dessus la garniture.

CURRY DE POULET VERT THAÏ

Torréfier les épices pour la sauce curry nécessite une opération supplémentaire, mais cela en vaut vraiment la peine. En plus de répandre un délicieux parfum dans votre cuisine, cela sublime toutes les saveurs.

INGRÉDIENTS

Pâte de curry

POUR ENVIRON 1 TASSE

1 c. à soupe de graines de coriandre
1½ c. à thé de graines de cumin
4 g (2 c. à soupe) de tiges de coriandre, ciselées
3 g (1½ c. à soupe) de galanga frais, haché
3 g (1½ c. à soupe) de gingembre frais, haché
¼ de tasse d'ail, haché
1 feuille de lime kaffir, déchirée en morceaux
10 g (¼ de tasse) de citronnelle fraîche, hachée
115 g (½ tasse) d'échalotes, émincées
1 c. à thé de pâte de crevettes
4 piments oiseau verts thaïs, sans leur tige et hachés
4 piments jalapeño, sans leur tige et hachés
2 piments serrano, débarrassés de leur tige et hachés
1 c. à thé de poivre blanc en grains
1 c. à soupe de sel casher

Curry

1,5 cl (1 c. à soupe) d'huile de coco
1 oignon rouge, haché
2 c. à soupe d'ail, haché
2 feuilles de lime kaffir
¼ de tasse de pâte de curry vert (voir plus haut)
450 g de filets ou de cuisses de poulet désossées sans la peau, coupés en cubes
1 boîte de 40 cl de lait de coco allégé
1 poivron rouge, épépiné et haché
1 poivron jaune, épépiné et haché
125 g (½ tasse) d'asperges, coupées en morceaux de 2 cm
115 g (½ tasse) de haricots verts, coupés en morceaux de 2 cm
225 g (1 tasse) de bok choy, haché
500 g (4 tasses) de feuilles d'épinards frais
2 cl (1 c. à soupe ½) de sauce de poisson
25 g (1 c. à soupe) de sucre de coco

PRÉPARATION

Pour la pâte de curry : Faites chauffer une petite poêle à feu moyen. Torréfiez à sec les graines de coriandre et de cumin ainsi que les grains de poivre, jusqu'à ce qu'ils libèrent leurs arômes et foncent. Transférez-les dans une assiette pour les laisser refroidir un court instant.

Mettez tous les ingrédients dans un petit robot de cuisine et réduisez-les en pâte. Celle-ci peut se garder jusqu'à 3 semaines au réfrigérateur ou jusqu'à 2 mois au congélateur dans un récipient fermé.

Pour le curry : Dans une grande casserole, chauffez l'huile à feu moyen. Faites-y revenir l'oignon 5 minutes, jusqu'à ce qu'il commence à s'attendrir. Ajoutez l'ail et les feuilles de lime et poursuivez la cuisson 2 minutes, le temps que les arômes se libèrent. Incorporez la pâte de curry vert et laissez 3 minutes sur le feu en remuant souvent, jusqu'à ce que le mélange prenne une légère coloration et soit bien parfumé. Intégrez le poulet en remuant pour bien l'enrober de pâte de curry. Laissez cuire 5 minutes en continuant de mélanger. Versez le lait de coco et faites mijoter.

Ajoutez les poivrons, les asperges et les haricots verts et faites frémir. Baissez le feu et laissez mijoter pendant 5 minutes environ, jusqu'à ce que les légumes commencent à s'attendrir. Ajoutez le bok choy et laissez sur le feu 3 minutes de plus ou le temps qu'il faut pour que tous les légumes soient tendres et le poulet cuit à cœur. Posez une passoire sur un blender et versez la sauce curry de la casserole dans ce dernier, puis remettez les légumes dans la casserole. Ajoutez les épinards dans le blender et mixez jusqu'à ce que le mélange prenne une consistance veloutée d'un beau vert clair. Versez la préparation dans la casserole et ajoutez la sauce de poisson et le sucre de coco, si vous souhaitez en mettre. Goûtez et ajoutez de la sauce de poisson si nécessaire. Servez immédiatement. Vous pouvez accompagner votre curry de riz brun cuit à la vapeur.

PRÉPARATION	CUISSON	POUR	SMARTPOINTS	CALORIES
20 MINUTES	25 MINUTES	6 PERSONNES	6 PAR PORTION	217 PAR PORTION

METTEZ VOTRE GRAIN DE SEL

Ail

Qu'il soit en poudre, semoule, cru, blanchi, au four, déshydraté, poêlé ou écrasé avec du sel pour être transformé en purée, l'ail est un incontournable. Il n'y a que dans les desserts que je n'en mets pas.

Poivre noir

Le poivre noir n'est pas apprécié à sa juste valeur. Dans ma cuisine, c'est pourtant un des condiments les plus utiles ! J'en mouds sur tout, des œufs brouillés à l'écrasée de chou-fleur et pommes de terre. Attention : le truc qui est vendu déjà moulu a autant de goût que de la poussière...

Piments chipotle

Ces piments aux notes à la fois fumées et épicées réveillent les marinades, les sauces et autres ragoûts.

Truffle Zest®

Ce condiment à la truffe est le summum de l'épice de luxe. Mais avec Truffle Zest®, on a le goût sans le prix. Il m'arrive d'en avoir dans mon sac quand je ne mange pas chez moi.

Graines de céleri

Je ne sais pas pourquoi les graines de céleri ne sont pas plus utilisées. Elles apportent une touche agréable à toutes sortes de salades, au poulet à l'étouffée, et même au Bloody Mary !

Vanille

Humer la vanille fraîchement extraite de la gousse, c'est ne plus jamais vouloir expirer – cette épice très parfumée finit sur des notes d'une grande richesse. J'aime en mettre dans de l'eau avec du gingembre et de la menthe pour un cocktail zéro calorie.

Basilic

Le basilic est le meilleur ami de la tomate ! J'en ai un plant dans ma cuisine et, de temps en temps, j'aime bien rassembler son feuillage entre mes mains et respirer le parfum de l'été.

Flocons de piment rouge broyé

Je n'ai jamais trouvé de piment que je n'aimais pas ! Pour ne rien gâcher, les flocons de piment me dissuadent d'ajouter du sel. Évitez juste de vous frotter les yeux si vous venez d'en saupoudrer sur des aliments.

Citron

Presque tout ce qui est délicieux sans un filet de citron (vinaigrette, pop-corn, légumes, poisson) l'est encore plus avec !

Gingembre

Le gingembre est un concentré de caractère. Il a de la présence, est apaisant, exotique et relevé. J'en mets pour parfumer l'eau, le thé et presque tous mes plats asiatiques et indiens.

CHAPITRE

5

UNE SAINE GOURMANDISE

J'aime les tables joliment dressées. Chaque détail est une preuve d'amour.

CHAPITRE 5

UNE SAINE GOURMANDISE

SOUS MON TOIT, CHAQUE REPAS EST UNE FÊTE.

Je sors les serviettes en tissu et la belle vaisselle même les rares fois où je mange seule. Si l'on ébrèche ou renverse quoi que ce soit, disons que je considère les rayures et autres taches comme les signes d'une vie vécue pleinement. Un foyer plein d'enfants et de chiens, d'amis et de voisins, ça n'a pas de prix. Qu'est-ce qui peut avoir plus de sens que partager le pain avec ceux qui font chanter votre cœur ?

Petit déjeuner avec quelques-unes des aînées de la South African Leadership Academy.

Avec Sidney Poitier, en plein fou rire.

À l'occasion du 70e anniversaire de Maya Angelou.

Le bonheur selon moi, c'est le chœur de « oh » et de « ah » qui suivent immanquablement la première bouchée de tortellinis à la truffe chez ceux qui n'y ont jamais goûté.

C'est la façon dont le visage de Stedman s'illumine lorsqu'on découpe la tarte à la tomate et au cheddar blanc. C'est tenir le plat pour Gayle pendant qu'elle se sert une cuisse de poulet au barbecue en réservant les ailes à ses enfants, Will et Kirby.

Ce sont mes filles de la South African Leadership Academy demandant s'il y a du rab de crab cakes. C'est lever son verre à l'exploit de quelqu'un – même s'il se résume à arriver au bout d'une semaine infernale. C'est savoir que mon adorable petite chienne, Sadie, est là à attendre sous la table de rendre service à quelqu'un qui aurait besoin d'aide pour finir son burger à la dinde.

Ce sont les mauvaises blagues et les bonnes histoires, et goûte-moi ci et essaie-ça, et est-ce qu'on ouvre une autre bouteille ?

C'est bavarder avec des proches devant des plats qui font vraiment plaisir – le summum du luxe !

Il se trouve que le milieu où j'évolue ne manque pas de fêtes extravagantes réglées comme du papier à musique ; j'en ai moi-même organisé quelques-unes. Les meilleures réunions sont pourtant celles qu'on improvise, en appelant un ou deux voisins et en disant : « Venez à la maison, on est en train de préparer le petit déjeuner ! »

J'ai partagé des repas inoubliables, aussi bien chez moi qu'avec des gens vivant dans une cahute en tôle près de Soweto, et je peux vous dire que pour être somptueux, un repas n'a pas besoin d'être chic, les convives non plus.

Tout ce que j'attends de mes invités, c'est qu'ils arrivent en ayant faim et qu'ils repartent heureux, en se sentant un peu plus proches une fois que tout est fini.

Vous savez, ce qui rend un repas extraordinaire, c'est le partage. Les pâtes cacio e pepe (voir page 155) sont toujours meilleures accompagnées d'une bouteille de votre vin préféré, en bavardant tranquillement.

Maya Angelou était passée maître dans l'art de réunir des gens de tous horizons et de les régaler. Elle estimait que la nourriture crée des liens et que parfois – quand les astres sont alignés et que le courant passe – de simples connaissances peuvent devenir de bons amis.

J'ai repris à mon compte la façon de voir de Maya. Quel que soit le jour de la semaine, on trouve au moins quatre ou cinq « filles » de la South African Leadership Academy dans ma cuisine, avec quiconque se trouve être là.

Même après toutes ces années, le visage de Stedman Graham reste celui que je préfère voir en prenant le petit déjeuner avec le journal.

Voilà ce que nous faisons. Nous nous réunissons, nous disons le bénédicité, nous parlons de ce qui se passe dans le monde ou dans nos vies, et nous mangeons bien.

Pour moi aujourd'hui, bien manger implique de comptabiliser mes points et de faire preuve de créativité pour réduire les calories. Mais maintenant que j'ai enfin intégré les règles du manger sain, je m'autorise à les enfreindre ! Je ne le fais pas souvent, et je ne le fais jamais sans réfléchir ; le but est de rendre mes écarts intentionnels. Le délibéré, c'est ce que je vise. La perdition, je la planifie.

Si l'idée d'écart intentionnel vous dit quelque chose, j'espère que vous verrez dans ce chapitre la permission de vous lâcher, parce que ces recettes sortent tout droit de la liste de mes plus grands succès. Pour un repas rassasiant et gourmand, je recommande les tourtes au poulet. Faites-vous aussi plaisir avec les fettucine à la bolognaise (si j'adore faire ce plat à mes invités, ce n'est pas pour rien !).

Voici ce que je vous conseille : gardez ces recettes pour les occasions, petites et grandes. Partagez-les avec ceux que vous aimez. Assurez-vous de savourer – vraiment savourer – chaque bouchée. Arrêtez-vous avant de trop manger. Et ne vous accordez pas, quelles que soient les circonstances, même une seule seconde de regret.

Je fais cette recette depuis ma première cuisine d'appartement aménagée, quand j'avais 22 ans. Je l'ai améliorée au fil des années.

PASTA PRIMAVERA

Voici ma recette de pâtes, sauf que maintenant, je mets beaucoup moins de pâtes et beaucoup plus de légumes. La sauce légère est si délicieuse que vous n'aurez pas envie d'ajouter quoi que ce soit.

INGRÉDIENTS

3 carottes moyennes, émincées

1 courgette moyenne, coupée en cubes de 1 cm

¼ de brocoli (1 tasse) en toutes petites fleurs

230 g de pâtes, par exemple des strozzapreti, ou tout autre forme

1,5 cl (1 c. à soupe) d'huile d'olive vierge extra

1 échalote moyenne, émincée

3 gousses d'ail, hachées

6 champignons creminis, sans les pieds et très finement émincés

1 boîte de 400 g de tomates en dés avec leur jus

1 c. à thé de flocons de piment rouge

1 petit poivron jaune, épépiné et coupé en petits dés

2 c. à soupe de parmesan râpé

Poivre noir fraîchement moulu

2 c. à soupe de sel de mer, à ajuster à votre convenance

Garniture

10 g (¼ de tasse) de feuilles de basilic frais, coupées en chiffonnade

3 c. à soupe de pignons, grillés

PRÉPARATION

Faites un bain d'eau glacée en remplissant un grand bol de glace et d'eau. Portez à ébullition une grande casserole d'eau salée. Ajoutez les carottes, les courgettes et les brocolis et faites-les cuire environ 3 minutes, jusqu'à ce qu'ils soient tendres et croquants. Sortez les légumes à l'aide d'une écumoire (ne jetez pas l'eau) et plongez-les dans l'eau glacée pour les faire refroidir, puis égouttez-les.

Refaites bouillir l'eau, et faites-y cuire les pâtes jusqu'à ce qu'elles soient al dente, en suivant les instructions du paquet. Égouttez-les.

Pendant que les pâtes cuisent, chauffez l'huile à feu moyen dans une grande poêle. Ajoutez les échalotes et l'ail et faites-les revenir 2 minutes, jusqu'à ce qu'ils soient tendres et qu'une bonne odeur s'en dégage. Mettez les champignons et faites-les cuire 5 minutes environ pour les attendrir, en versant un petit peu d'eau s'ils adhèrent à la poêle. Versez les tomates avec leur jus et le piment rouge en flocons, puis laissez 10 minutes sur le feu. Incorporez les carottes, la courgette, le brocoli et les pâtes en remuant pour imprégner le tout des tomates. Poursuivez la cuisson le temps que tout soit chaud. Retirez du feu, ajoutez le poivron et le parmesan. Salez et poivrez. Répartissez dans les assiettes et saupoudrez de basilic et de pignons.

PRÉPARATION	CUISSON	POUR	SMARTPOINTS	CALORIES
30 MINUTES	20 MINUTES	6 PERSONNES	6 PAR PORTION	248 PAR PORTION

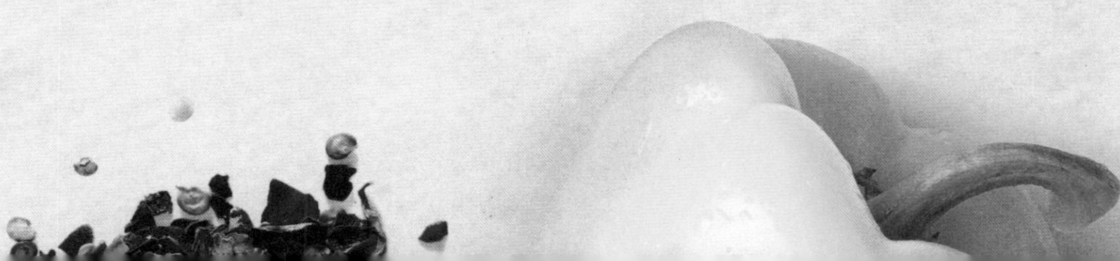

FETTUCINE BOLOGNAISE AUX PETITS POIS

J'adore les fettucine et j'adore les petits pois. Je me suis donc dit que le mariage des deux ne pouvait être que délicieux – et il l'est ! Les petits pois provoquent une explosion de douceur qui tranche avec la richesse de la sauce.

INGRÉDIENTS

- 1,5 cl (1 c. à soupe) d'huile d'olive vierge extra
- 450 g de dinde hachée
- ½ oignon de taille moyenne, émincé
- 2 carottes de taille moyenne, émincées
- 3 gousses d'ail, émincées
- 12,5 cl (½ tasse) de vin blanc
- 2 tasses de tomates rôties sur le feu en boîte avec leur jus
- ½ c. à thé de flocons de piment rouge
- 25 cl (1 tasse) de bouillon de poulet maison (page 42), plus au besoin
- 2 tiges de thym frais
- 2 c. à soupe de crème fraîche épaisse
- 125 g (1 tasse) de petits pois frais ou décongelés
- 240 g de pâtes fettucine cuites
- ¼ de tasse de parmesan râpé
- 1 c. à thé de sel, ou à votre convenance
- Poivre noir fraîchement moulu

PRÉPARATION

Chauffez l'huile dans une grande poêle à feu moyen-vif. Faites revenir la dinde hachée pendant 10 minutes en l'émiettant à l'aide d'une cuillère en bois, jusqu'à ce qu'elle soit cuite à l'intérieur et qu'elle ait bruni. Videz la poêle de tout le surplus de graisse. Ajoutez l'oignon, les carottes, l'ail et le sel et poursuivez la cuisson 8 minutes, le temps qu'ils s'attendrissent, en remuant souvent. Versez le vin et attendez 2 minutes, jusqu'à ce qu'il se soit presque entièrement évaporé. Écrasez les tomates dans la poêle, en intégrant aussi leur jus et incorporez les flocons de piment rouge. Faites frémir le tout, puis baissez le feu et laissez mijoter 10 minutes. Ajoutez le bouillon de poulet et les tiges de thym. Refaites frémir la préparation, puis laissez à nouveau mijoter pendant 30 minutes, ou jusqu'à ce que la sauce soit bien épaisse. Incorporez la crème et les petits pois en remuant et attendez juste que ceux-ci soient cuits à l'intérieur. Éteignez le feu, retirez le thym et mélangez la sauce et les fettucine. Saupoudrez de parmesan, répartissez dans des bols et servez.

PRÉPARATION	CUISSON	POUR	SMARTPOINTS	CALORIES
15 MINUTES	1 HEURE	6 PERSONNES	8 PAR PORTION	306 PAR PORTION

Utiliser de la dinde plutôt que du boeuf permet de gagner quelques points. La sauce est si savoureuse que vous ne ferez pas la différence.

PÂTES CACIO E PEPE

RECETTE INSPIRÉE PAR FEDERICO BALESTRA

J'ai goûté ce plat pour la première fois dans un château ombrien après une chasse à la truffe. Il est divin, même sans les copeaux de truffes. Essayez le Truffle Zest®, un condiment à la truffe, pour une version moins coûteuse. Si l'on utilise des pâtes séchées achetées en magasin, ce plat est aussi simple à réaliser que bon.

INGRÉDIENTS

- 350 g de spaghetti
- 80 g (1 tasse) de pecorino romano râpé, ou à votre convenance
- Truffe noire d'été ou d'hiver, râpée au zesteur-râpe, ou du Truffle Zest®
- 2 c. à thé de poivre noir fraîchement moulu, ou à votre convenance
- Sel marin

Si vous n'avez pas encore découvert le Truffle Zest®, allez-y !

PRÉPARATION

Mettez une grande casserole d'eau à chauffer à feu vif, portez à ébullition et salez bien. Cuisez-y les pâtes al dente en suivant les indications du paquet. Placez une passoire à pâtes dans une autre grande casserole. Versez les pâtes dans la passoire en réservant l'eau de cuisson cans la casserole en dessous. Retirez la passoire de pâtes et réservez 12,5 cl de l'eau de cuisson. Préparez un bain-marie en plaçant un grand bol résistant à la chaleur dans la casserole avec l'eau de cuisson chaude. Transvasez-y les pâtes égouttées, puis incorporez petit à petit le fromage et l'eau de cuisson chaude des pâtes réservée. À l'aide de deux fourchettes, brassez énergiquement le mélange, jusqu'à obtenir une consistance crémeuse. Si la sauce est trop aqueuse, mettez plus de fromage ; si elle est trop sèche, ajoutez de l'eau de cuisson. Saupoudrez de truffe râpée, salez, poivrez et servez.

PRÉPARATION	CUISSON	POUR	SMARTPOINTS	CALORIES
7 MINUTES	15 MINUTES	6 PERSONNES	8 PAR PORTION	268 PAR PORTION

MEZZELUNE (DEMI-LUNES) AUX PETITS POIS NOUVEAUX ET BRODO DE TOMATES

Dès qu'il y a des petits pois nouveaux dedans, je vote pour ! Brodo signifie « bouillon » en italien, et cette variante apporte une légère saveur de tomate.

INGRÉDIENTS

Jus de chou kale

4 grandes feuilles de chou kale

1,5 cl (1 c. à soupe) d'eau

Pâtes au chou kale

300 g (2⅔ tasses) de farine « 00 »

1 gros œuf

12 gros jaunes d'œuf

1,5 cl (1 c. à soupe) de jus de chou kale

Semoule de blé, au besoin

2 c. à thé de sel marin

Farce aux petits pois

700 g (4½ tasses) de petits pois frais ou décongelés

Zeste de 4 citrons

Sel marin

Brodo de tomates

4 grosses tomates anciennes (ou n'importe quelle autre variété de tomates mûres), coupées en gros morceaux

Sel marin et poivre noir concassé

PRÉPARATION

Pour le jus de chou kale : Mixez le chou kale et l'eau dans un blender à grande vitesse, jusqu'à ce que les feuilles soient complètement désagrégées, en ajoutant éventuellement un tout petit peu d'eau à la fin du mixage. Videz le mélange dans une passoire à mailles fines posée sur un bol et pressez-le pour en extraire le jus. Jetez les résidus solides. Vous pouvez aussi passer les feuilles de kale à l'extracteur de jus.

Pour faire la pâte à pâtes : Dans un robot équipé de l'accessoire lame, mélangez la farine « 00 » et le sel à l'aide de la fonction « pulse ». Ajoutez l'œuf, les jaunes et le jus de chou kale, puis mixez par impulsions jusqu'à ce que le mélange prenne une texture sableuse. Videz la pâte sur un plan de travail et pétrissez-la jusqu'à ce qu'elle devienne lisse, au bout de 5 minutes environ, si nécessaire en fleurant le plan de travail. Enveloppez la pâte de film alimentaire et laissez-la reposer à température ambiante 30 minutes à 1 heure.

Pour la farce aux petits pois : Mixez les petits pois et le zeste de citron au blender jusqu'à obtenir une texture bien lisse, en raclant les parois si nécessaire. Salez et, à l'aide d'une cuillère, mettez la purée dans une poche à douille équipée d'un embout ouvert n° 12.

Pour préparer le brodo de tomates : Passez les tomates au blender jusqu'à obtenir une texture lisse. Versez la purée dans une casserole à feu moyen-vif, puis portez à ébullition. Faites bouillonner 5 minutes, jusqu'à ce que la couleur s'assombrisse et que le liquide et le solide se séparent légèrement. Placez une étamine sur une passoire à mailles fines au-dessus d'un bol et versez la purée de tomates, en pressant pour extraire tout le liquide. Jetez les résidus solides de tomate, salez et poivrez. Réchauffez le brodo juste avant de servir.

Pour former la pâte et la cuire : Fixez une machine à pâtes à un plan de travail et fleurez celui-ci avec de la semoule de blé dur. Divisez la pâte en 4 morceaux en enveloppant ceux que vous n'utilisez pas dans du film alimentaire et en les laissant à température ambiante. Vous pouvez aussi conserver la pâte au congélateur jusqu'à 1 mois, dans du film,

PRÉPARATION	CUISSON	POUR	SMARTPOINTS	CALORIES
1 HEURE	1 HEURE	8 PERSONNES	9 PAR PORTION	321 PAR PORTION

PRÉPARATION (SUITE)

à l'intérieur d'un sac de congélation. Mettez la pâte à décongeler à température ambiante la veille pour le lendemain. (Mettre la pâte fraîche au réfrigérateur n'est pas recommandé.) Farinez légèrement la pâte, puis avec les mains, abaissez-la en un rectangle de 5 mm d'épaisseur. Ajoutez de la farine à tout moment quand vous laminez pour empêcher la pâte de coller.

Réglez le laminoir à pâtes sur la position 1 (la plus grosse épaisseur) et faites passer la pâte. Réglez la machine sur 2 et refaites un tour. Faites de même avec la position 3, puis avec tous les réglages en finissant par 6 ou 7. Vous aurez alors une longue bande de pâte large de 15 centimètres.

Pour former les demi-lunes : Avec un emporte-pièce, découpez des ronds de 8 cm ; vous devriez en obtenir environ 36. Saupoudrez-les légèrement de semoule de blé, puis recouvrez-les avec un torchon propre légèrement humide pour les empêcher de sécher. Saupoudrez une plaque de cuisson de semoule de blé.

Fourrez les ronds de pâte par lot de 6 : posez-les à plat sur le plan de travail et mettez environ 1 c. à thé de farce aux petits pois au centre de chacun. Humectez le tour avec de l'eau, pliez pour former une demi-lune, et pincez les bords pour refermer. Appuyez sur la pâte pour bien emprisonner la farce. Transférez sur une plaque de cuisson. Continuez jusqu'à ce qu'il n'y ait plus de farce ou de pâte. Couvrez la plaque de film alimentaire.

Faites bouillir de l'eau salée dans un grand fait-tout. Pour éviter qu'elles se superposent, cuisez les demi-lunes en deux fois, en remuant pour éviter qu'elles ne collent au fond ou entre elles. Laissez-les cuire 4 ou 5 minutes, jusqu'à ce qu'elles remontent à la surface. S'il y a des poches d'air dans les mezzelune, elles peuvent remonter à la surface sans être forcément cuites. Sortez une demi-lune avec une écumoire et vérifiez la cuisson. Quand les pâtes sont cuites, sortez-les de l'eau à l'aide d'une écumoire et placez-les dans un bol. Faites cuire la seconde moitié de la même manière tandis que vous dressez les assiettes pour le premier lot. Répartissez les demi-lunes dans des assiettes creuses, versez 50 cl de brodo chaud dessus, salez, poivrez et servez.

Vous n'êtes pas obligé de cuire toutes les mezzelune. Elles peuvent être garnies et congelées pour plus tard.

Ce plat est si gourmand qu'il a toujours du succès auprès de mes invités. Je l'adore parce qu'il salit juste une poêle et qu'il se prépare en un clin d'œil.

PENNE AU POULET, TOMATES SÉCHÉES ET BASILIC

Cette recette de pâtes met tout le monde d'accord. Au tout début de Harpo Studios™, nous avions des réunions quotidiennes avec l'équipe de production. Tout le monde se retrouvait dans mon bureau pour déjeuner. On a partagé beaucoup de choses devant ce plat de pâtes. Une année, à la ferme, le basilic poussait en abondance dans le jardin – c'est comme ça que cette recette est née.

INGRÉDIENTS

- 4 cuisses de poulet désossées et sans peau (environ 350 g)
- 0,5 cl (1 c. à thé) d'assaisonnement à l'italienne
- 4,5 cl (3 c. à soupe) d'huile d'olive vierge extra
- 4 gousses d'ail, émincées
- 240 g de penne cuites al dente
- ½ poivron jaune, épépiné et coupé en dés de 5 mm
- ½ tasse de tomates séchées, trempées dans l'eau chaude à couvert pendant 30 minutes, égouttées et coupées en fines lamelles
- ¼ de tasse d'olives Kalamata dénoyautées, coupées en deux
- 3 c. à soupe de câpres égouttées
- 30 g (¼ de tasse) de feta émiettée
- 3 cl (2 c. à soupe) de jus de citron frais, ou à votre convenance
- ½ c. à thé de zeste de citron râpé
- 35 g (½ tasse) de basilic frais haché
- 3 c. à soupe de pignons grillés
- Sel et poivre noir fraîchement moulu

PRÉPARATION

Saupoudrez le poulet d'assaisonnement à l'italienne, salez-le et poivrez-le des deux côtés. Chauffez 2 c. à soupe d'huile dans une grande poêle à feu moyen-vif. Faites revenir l'ail pendant 1 minute, juste le temps qu'il se colore. Ajoutez le poulet dans la poêle, couvrez et faites revenir 6 minutes environ de chaque côté, jusqu'à ce qu'il soit cuit à cœur, en réservant le jus pour réchauffer les pâtes. Réservez le poulet dans un plat et laissez refroidir 1 ou 2 minutes.

Pendant que le poulet refroidit, battez 10 cl d'eau avec les sucs que la cuisson du poulet a laissés au fond de la poêle. Faites frémir le mélange à feu moyen et laissez mijoter pendant 5 minutes, jusqu'à ce qu'il épaississe légèrement. Ajoutez les pâtes et réchauffez le tout en remuant.

Coupez le poulet en lamelles. Dans un saladier, mélangez-le avec les pâtes, le poivron, les tomates séchées, les olives, les câpres et le fromage. Dans un petit bol, fouettez le zeste et le jus de citron avec la cuillère à soupe d'huile restante. Versez dans le saladier et remuez pour bien imprégner tous les ingrédients. Incorporez le basilic. Goûtez et ajustez l'assaisonnement au besoin. Répartissez dans des bols et servez avec les pignons.

PRÉPARATION	CUISSON	POUR	SMARTPOINTS	CALORIES
20 MINUTES	30 MINUTES	6 PERSONNES	9 PAR PORTION	324 PAR PORTION

Ce plat peut aussi se servir froid, accompagné d'une salade verte.

PAIN DE VIANDE DE DINDE

Le pain de viande de dinde compte moins de points que la recette au bœuf ordinaire, et je vous promets qu'une fois que vous y aurez goûté, il deviendra votre pain de viande préféré.

INGRÉDIENTS

Pain de viande

1 cl (2 c. à thé) d'huile d'olive vierge extra

1 carotte coupée en petits dés

1/2 oignon jaune de taille moyenne, coupé en petits dés

1 côte de céleri, coupée en petits dés

3 gousses d'ail, râpées au zesteur-râpe

450 g de cuisse de dinde, hachée

1 petit œuf battu

6 cl (1/4 de tasse) de bouillon de poulet maison (page 42)

20 g (1/4 de tasse) de chapelure Panko®

1 c. à thé de persil plat, finement ciselé

1 c. à thé de thym sec

1 c. à thé de mélange d'épices cajun à noircir

1/4 c. à thé de poivre noir fraîchement moulu

1/2 c. à thé de sel casher

Glaçage au ketchup de Chipotle

7,5 cl (1/3 de tasse) de ketchup

1 c. à thé de cumin moulu

1/2 c. à thé de sauce Worcestershire

1 c. à thé de purée de piment chipotle

0,5 cl (1 c. à thé) de sirop d'agave

1/4 c. à thé de poivre noir fraîchement moulu

1/2 c. à thé de sel casher

PRÉPARATION

Préchauffez le four à 180 °C (350 °F) et recouvrez une plaque de cuisson mesurant 20 x 30 cm de papier sulfurisé.

Dans une grande poêle, chauffez l'huile à feu moyen-doux. Ajoutez la carotte, l'oignon et le céleri et faites-les cuire environ 5 minutes, le temps que les légumes deviennent tendres, mais pas colorés. Intégrez l'ail et faites-le revenir 1 minute ou le temps qu'il libère son arôme. Salez et poivrez en remuant, puis réservez dans une assiette.

Dans un saladier, mélangez la dinde et l'œuf avec une grande cuillère ou à la main. Incorporez les légumes cuits, le bouillon, la chapelure, le persil, le thym et le mélange d'épices à noircir. Videz le mélange sur la plaque de cuisson de manière à former un monticule et façonnez celui-ci à la manière d'un pain de 20 x 8 cm. Enfournez pour 30 à 35 minutes, jusqu'à ce que la température, mesurée avec un thermomètre à lecture instantanée, atteigne 75 °C (165 °F) à l'intérieur du pain de viande. Sortez du four et laissez reposer pendant que vous préparez le glaçage.

Préchauffez le four en position gril à faible puissance.

Mélangez au fouet les ingrédients du glaçage dans une petite casserole et faites bouillir très légèrement à feu moyen, en fouettant pour empêcher le mélange d'attacher.

Versez le glaçage sur le pain de viande et étalez-le avec une spatule pour former une couche épaisse et régulière. Placez le pain sous le gril et attendez que le glaçage fasse des bulles et caramélise. Sortez le plat du four, laissez-le reposer 5 minutes, puis coupez en tranches et servez.

PRÉPARATION	CUISSON	POUR	SMARTPOINTS	CALORIES
30 MINUTES	30-35 MINUTES	4 PERSONNES	6 PAR PORTION	258 PAR PORTION

BURGERS DE DINDE

Mon amie Gayle est dans une quête permanente du burger ultime.
Cette variante à la dinde est tout en haut de sa liste.

INGRÉDIENTS

700 g de cuisses de dinde hachées

½ pomme rouge, débarrassée de son trognon et grossièrement coupée

2 c. à soupe de chutney de mangue

1 oignon vert, parties blanches et vertes, grossièrement haché

2 gousses d'ail, râpées au zesteur-râpe

10 g (¼ de tasse) de feuilles de coriandre fraîche

1,5 cl (1 c. à soupe) de sauce soja

½ c. à thé de curry en poudre

½ c. à thé de piment chipotle moulu

Huile de coco ou de pépins de raisin en spray

Condiments de votre choix

4 pains à burger

1 c. à thé de sel marin

PRÉPARATION

Placez la dinde dans un grand bol, couvrez-la d'un torchon et laissez-la à température ambiante pendant que vous préparez les autres ingrédients.

Dans un robot, mettez la pomme, le chutney de mangue, l'oignon vert, l'ail, la coriandre, la sauce soja, le curry en poudre, le piment chipotle et le sel, puis mixez jusqu'à obtenir une texture homogène. Ajoutez le tout à la dinde hachée et mélangez. Divisez la préparation en quatre parts égales et, à partir de celles-ci, formez des boules grossières. Aplatissez-les ensuite en les tapotant délicatement pour faire des steaks d'environ 2 cm d'épaisseur.

Chauffez une grande poêle, de préférence en fonte, à feu moyen vif. Vaporisez une fine couche d'huile au fond et mettez les burgers. Faites-les cuire 4 à 5 minutes jusqu'à ce qu'ils aient bien bruni dessous, puis retournez-les, baissez l'intensité du feu à moyen-doux, couvrez et laissez 6 minutes sur le feu, le temps que les steaks aient bruni dessous et soient cuits à cœur. Sortez-les de la poêle et servez.

Pendant que les steaks cuisent, faites griller les pains à burger sous le gril, côté coupe vers le bas (vous pouvez aussi les passer au grille-pain). Sortez-les de sous le gril, mettez les steaks entre les deux tranches de pain et agrémentez avec les condiments de votre choix.

PRÉPARATION	CUISSON	SERVES	SMARTPOINTS	CALORIES
10 MINUTES	10 MINUTES	4 PERSONNES	5 PAR PORTION	264 PAR PORTION (SANS LE PAIN ET LES CONDIMENTS)

CRAB CAKES

J'ai vécu huit ans à Baltimore et, tu sais mon petit, là-bas, on s'y connaît en crab cakes. Ceux-ci sont presque aussi bons.

INGRÉDIENTS

- 1 gros œuf
- 2 c. à soupe de mayonnaise
- 1 gousse d'ail, râpée au zesteur-râpe
- 1,5 cl (1 c. à soupe) de jus de citron frais
- 1 c. à thé de paprika doux, plus de quoi saupoudrer
- 1 c. à thé d'épices Old Bay®
- 1 g (2 c. à thé) de persil frais haché
- 1 c. à thé de moutarde jaune préparée
- 450 g de chair de crabe bien égouttée
- 2 tranches de pain blanc (pouvant être de la veille ou à moitié rassis), sans la croûte et finement émiettées, ou ½ tasse de chapelure Panko®
- Huile d'olive vierge extra en spray
- ¾ c. à thé de sel

PRÉPARATION

Battez l'œuf dans un grand bol. Incorporez au fouet la mayonnaise, l'ail, le jus de citron, le paprika, les épices Old Bay®, le sel, le persil et la moutarde. Ajoutez le crabe et mélangez pour homogénéiser le tout, puis terminez par le pain émietté. Avec cette préparation, formez 8 galettes de taille égale et placez-les sur un plat à rôtir. Vaporisez généreusement d'huile d'olive en spray et saupoudrez d'un peu de paprika. Passez 5 à 8 minutes au four, en position gril, jusqu'à ce que le dessus soit doré. Retirez du four et servez immédiatement.

PRÉPARATION	CUISSON	POUR	SMARTPOINTS	CALORIES
15 MINUTES	5-8 MINUTES	8 PERSONNES	2 PAR PORTION	99 PAR PORTION

Pssst ! Le secret, c'est le crabe en morceaux !

ON LÈVE SON VERRE

DES BOISSONS AVEC UN ZESTE DE GÉNIE

Il n'existe pas beaucoup de boissons peu coûteuses en points – surtout avec de la vodka à 2 points le centilitre… Pourtant, il n'y a rien que j'aime plus que retrouver des amis autour d'un cocktail pour regarder le soleil se coucher. Eddie, mon intendant, est passé maître dans l'art de concocter des mélanges étonnants à partir des fruits, herbes et autres légumes disponibles. Certains sont légers et rafraîchissants, d'autres explosent de saveurs ou vous laissent la bouche en feu – il faut dire qu'Eddy a un faible pour les jalapeños ! Quel que soit votre goût, profitez du coucher du soleil.

Sexy smoothie vert

25 cl (1 tasse) d'eau froide

1 concombre moyen, pelé, épépiné et coupé en morceaux

1 banane mûre, coupée en morceaux

½ pomme Granny-Smith bio sans trognon, épépinée et coupée en morceaux

½ morceau de gingembre de la taille d'un pouce, pelé

95 g (¾ de tasse) de feuilles de chou kale frais, hachées

250 g (2 tasses) de feuilles d'épinards frais

4 feuilles de menthe fraîche

4 feuilles de basilic frais

60 g de protéine en poudre (non aromatisée)

25 cl (1 tasse) de glaçons

Versez l'eau dans un blender. Ajoutez le concombre, la banane, la pomme et le gingembre et mixez jusqu'à obtenir une consistance liquide. Incorporez le chou kale, les épinards, la menthe et le basilic, une poignée à la fois, en mixant par à-coups jusqu'à ce que le mélange soit homogène. Versez les protéines et les glaçons et mixez jusqu'à ce que ceux-ci soient concassés et que le smoothie ait une consistance lisse.

POUR 2 PERSONNES
5 SMARTPOINTS PAR PORTION

Limonade détoxifiante antirhume

6 feuilles de basilic, déchiquetées

Jus de 4 citrons

Jus d'1 pamplemousse moyen

3 cl (2 c. à soupe) de vinaigre de cidre

1 pincée de piment de Cayenne

Pilonnez le basilic dans un verre épais avec quelques glaçons. Ajoutez les jus de citron et de pamplemousse, le vinaigre et le piment de Cayenne. Mélangez, laissez le basilic infuser quelques minutes dans le jus, et servez.

POUR 4 À 5 PERSONNES | 2 SMARTPOINTS PAR GRAND VERRE

Jus de tomate

- 6 tomates ultramûres bio
- ½ betterave, pelée et coupée grossièrement
- 1 petit bouquet de chou kale
- 1 petit bouquet d'épinards
- 4 branches de céleri avec les feuilles
- 3 concombres moyens, coupés en gros morceaux
- 3 oignons verts, sans les extrémités
- 3 gousses d'ail, épluchées
- 15 g (½ tasse) de basilic frais
- 15 g (½ tasse) de persil frais
- 2 poivrons orange, épépinés et coupés en gros morceaux
- Jus de 2 citrons
- ½ c. à thé de piment de Cayenne en poudre
- ½ c. à thé de poivre noir fraîchement moulu
- 1 grosse pincée de sel marin

Passez les légumes et les herbes aromatiques à l'extracteur de jus. Versez dans un pichet ou un bocal, ajoutez le jus de citron, le poivre noir, le piment de Cayenne et le sel et servez, sur de la glace si vous voulez.

POUR 4-5 PERSONNES
4 SMARTPOINTS
PAR GRAND VERRE

Le jus parfait à préparer pour les semaines chargées. Il est délicieux, offre une source d'énergie incroyable et se conserve quatre jours au réfrigérateur. Le Bloody Mary fait avec est à tomber !

Maui en décembre

Ananas fumé et infusé

- 1 gros ananas frais
- 2 tiges de citronnelle fraîche, côté racine coupé, feuilles extérieures réservées pour la garniture
- 1 bouteille (75 cl) de vodka
- 3 feuilles de menthe fraîche
- 1 sachet de camomille à infuser

POUR 2 COCKTAILS ET ASSEZ DE VODKA AROMATISÉE POUR BEAUCOUP PLUS
8 SMARTPOINTS PAR PORTION

Cocktails

- 2 rondelles de gingembre frais, pelées
- Glaçons
- 12,5 cl (½ tasse) de vodka infusée à l'ananas et à la citronnelle
- 12,5 cl (½ tasse) de jus d'ananas frais
- 6 cl (¼ de tasse) d'infusion de camomille froide
- 1,5 cl (1 c. à soupe) de jus de citron frais

Coupez le sommet et la base de l'ananas et découpez celui-ci en quarts avec un couteau à dents, en retirant le cœur. Mixez la moitié au blender jusqu'à obtenir une texture lisse, puis filtrez le liquide dans un bol avec une passoire à mailles fines. Transférez dans une bouteille qui ne s'oxyde pas, puis réservez au réfrigérateur.

Mettez le reste de l'ananas avec la citronnelle sur un barbecue ou une poêle-gril à feu moyen-vif, couvrez, et fumez 4-5 minutes de chaque côté. Réservez l'ananas et la citronnelle fumés avec la vodka et la menthe dans un grand bocal hermétique et laissez au réfrigérateur 8 heures ou une nuit.

Faites bouillir de l'eau et préparez l'infusion de camomille dans un grand bocal. Laissez refroidir à température ambiante, couvrez et mettez au réfrigérateur au moins 8 heures.

Pour faire les cocktails, pilonnez le gingembre dans un shaker et remplissez celui-ci de glaçons. Ajoutez 12,5 cl (½ tasse) de vodka infusée, le jus d'ananas, 6 cl (¼ de tasse) d'infusion, et 12,5 cl (½ tasse) de jus de citron. Secouez et filtrez dans des verres à martini glacés. Garnissez de feuilles de citronnelle et servez.

Picante Margarita !

POUR 1 PERSONNE
8 SMARTPOINTS
PAR PORTION

- 1 à 2 rondelles de jalapeño
- 120 g de pommes vertes en morceaux
- 2 feuilles de menthe fraîche
- 3 feuilles de basilic frais
- 10 cl de jus de citron vert frais
- 3 cl (2 c. à soupe) de sirop simple bio
- 6,5 cl de tequila blanche (argent)

Pour le sirop : Faites bouillir 25 cl (1 tasse) d'eau avec 150 g (1 tasse) de sucre de canne bio dans une casserole, en remuant pour bien dissoudre le sucre. Laissez refroidir.

Pour la margarita : Pilonnez le jalapeño, les pommes, la menthe et le basilic dans un shaker. Versez le jus de citron vert, le sirop et la tequila. Remplissez le shaker de glace et secouez 30 secondes. Filtrez dans un verre à whisky et garnissez d'une rondelle de jalapeño.

POULET AU BARBECUE

Ça existe, des gens qui n'aiment pas un bon poulet au barbecue ?
Qu'il arrive encore crépitant de la grille ou qu'il sorte du frigo, moi j'adore ça.

INGRÉDIENTS

Saumure

1 litre d'eau
6 cl (1/4 de tasse) de miel
1 c. à soupe d'épices à marinade
1 c. à soupe de poudre de piment
1 c. à soupe d'ail semoule
1 c. à soupe de cumin moulu
1 c. à thé de piment chipotle moulu
2 kg de cuisses non désossées et de filets de poulet
1 orange de taille moyenne coupée en 6 morceaux
1/4 de tasse de sel

Sauce barbecue

POUR ENVIRON 1 LITRE (4 TASSES)

1,5 cl (1 c. à soupe) d'huile d'olive vierge extra
1 oignon de taille moyenne, émincé
1 poivron rouge de taille moyenne, épépiné et émincé
3 gousses d'ail, écrasées au presse-ail
25 cl (1 tasse) de moutarde de Dijon
12,5 cl (1/2 tasse) de ketchup
25 cl (1 tasse) de jus d'orange
25 cl (1 tasse) de jus de pomme
25 cl (1 tasse) de sauce soja légère
25 cl (1 tasse) de vinaigre de cidre
2 c. à thé de piment chipotle moulu
2 c. à thé de sel marin

tilisez la sauce qui este pour adigeonner ou faire mariner toutes vos grillades. Elle se conserve jusqu'à une semaine.

PRÉPARATION

Pour la saumure : Mélangez tous les ingrédients de la saumure dans une casserole de taille moyenne et portez à ébullition à feu vif. Laissez bouillonner 5 minutes environ en remuant souvent, jusqu'à dissolution du sel. Ne laissez pas réduire, sinon la saumure serait trop salée. Enlevez du feu et laissez refroidir complètement. Mettez le poulet et l'orange dans un grand sac refermable, posez ce dernier dans un récipient, versez-y la saumure, puis refermez-le et réservez de 2 à 4 heures au réfrigérateur.

Pour la sauce barbecue : Chauffez l'huile à feu moyen dans une grande casserole. Faites revenir l'oignon 10 minutes, le temps qu'il soit doré. Ajoutez le poivron jaune et poursuivez la cuisson 5 minutes jusqu'à ce qu'il soit tendre, puis intégrez l'ail et remuez 1 minute. Incorporez les autres ingrédients, faites frémir à feu vif, puis baissez le feu à moyen et cuisez à découvert 45 minutes, jusqu'à ce que la préparation épaississe. Mixez la sauce dans la poêle avec un mixeur plongeant, puis laissez-la sur le feu 15 minutes de plus, jusqu'à ce qu'elle nappe le dos d'une cuillère.

Pour cuire le poulet au barbecue : Faites chauffer le barbecue à température moyenne et huilez la grille. Sortez le poulet de la saumure, séchez-le en tamponnant les morceaux avec de l'essuie-tout, et mettez-le sur le barbecue. Faites griller entre 5 et 10 minutes de chaque côté, jusqu'à ce que la viande se détache de la grille et que la peau commence à devenir craquante. Tournez les morceaux pour saisir tous les côtés, puis placez-les à un endroit moins chaud de la grille et arrosez-les de sauce barbecue. Attendez que celle-ci devienne collante et qu'un thermomètre à lecture instantanée introduit dans les parties les plus épaisses indique 70 °C (160 °F). Retirez alors le poulet du barbecue et attendez 5 à 10 minutes avant de servir.

Pour cuire le poulet au four : Préchauffez le four à 230 °C (450 °F). Tapissez une plaque de papier aluminium et posez une grille dessus. Sortez le poulet de la saumure, séchez-le en le tamponnant avec de l'essuie-tout, et placez-le sur la grille en espaçant les morceaux. Enfournez et laissez cuire 10 minutes ou le temps que la peau commence à être craquante. Arrosez de sauce barbecue et laissez rôtir 30 à 40 minutes supplémentaires, en l'arrosant toutes les 10 minutes, jusqu'à ce qu'il soit enrobé de sauce barbecue et doré partout. Sortez-le du four et attendez 5 à 10 minutes avant de servir.

PRÉPARATION	CUISSON	POUR	SMARTPOINTS	CALORIES
20 MINUTES (PLUS 2 À 4 HEURES DE MARINADE)	1 HEURE	8 PERSONNES	11 PAR PORTION	385 PAR PORTION

TOURTES AU POULET

RECETTE INSPIRÉE PAR LES CHEFS WOLFGANG PUCK ET MATT BENCIVENGA

Quelque chose qui évoque autant le réconfort qu'une tourte au poulet, ça existe ? Ça m'étonnerait. Voici l'équivalent de la couverture en cachemire pour les repas, parfait pour une soirée tranquille à la maison.

INGRÉDIENTS

Croûte

200 g (1 tasse ¾) de mélange pour pâte à tarte sans gluten, comme la Bob's Red Mill®, plus de quoi étaler la pâte

1/8 de c. à thé de Truffle Zest®

80 g (6 c. à soupe) de beurre doux ou de margarine coupé(e) en cubes de 1 cm

4,5 cl (3 c. à soupe) d'eau glacée

1 gros œuf battu

Sauce

Huile d'olive vierge en spray

1 gros oignon dont ½ coupé en petits dés

170 g (¾ de tasse) de carotte coupée en dés

55 g (¼ de tasse) de céleri coupé en petits dés

1 c. à thé de thym frais haché

1 litre de bouillon de poulet maison (page 42)

½ c. à thé de Truffle Zest®

Poivre blanc fraîchement moulu

Sel marin

Garniture

Huile d'olive vierge en spray

600 g de filets de poulet, coupés en morceaux de 2 cm

1 petit oignon jaune, haché

2 carottes de taille moyenne, coupées en cubes de 1 cm

1 branche de céleri, coupée en cubes de 1 cm

120 g de champignons creminis, coupés en dés

80 g (⅔ de tasse) de petits pois décongelés

PRÉPARATION

Pour la croûte : Mettez le mélange pour la croûte et le Truffle Zest® dans un robot équipé d'une lame. Ajoutez le beurre et donnez 10 impulsions, ou continuez jusqu'à ce que le beurre se sépare en morceaux gros comme des petits pois. Transférez le mélange dans un grand bol et incorporez l'eau glacée progressivement, en pétrissant la pâte avec les mains jusqu'à ce qu'elle se tienne. Formez une boule de pâte, enveloppez-la dans du film et laissez-la reposer au réfrigérateur de 1 à 24 heures.

Pour la sauce : Préchauffez le four à 200 °C (400 °F) et huilez une plaque de cuisson au spray. Dans un saladier, mélangez les oignons, les carottes, le céleri et le thym. Répartissez les légumes sur la plaque en vaporisant un peu d'huile dessus et salez. Enfournez et laissez rôtir les légumes pendant 20 minutes, ou le temps qu'ils soient bien dorés, en remuant plusieurs fois pour obtenir une cuisson homogène.

Pendant que les légumes cuisent au four, versez le bouillon de poulet dans une casserole de taille moyenne. Faites frémir à feu moyen-vif et laissez bouillir jusqu'à ce que le liquide réduise de moitié, pendant 8 à 10 minutes. Plongez les légumes dans le bouillon et laissez cuire environ 5 minutes, jusqu'à ce qu'ils soient tendres. Transférez le bouillon et les légumes dans le mixeur, ajoutez le Truffle Zest® et mixez jusqu'à obtenir une texture bien lisse. Salez et poivrez. La sauce doit napper une cuillère. Si elle n'est pas suffisamment épaisse, versez-la dans une casserole de taille moyenne et faites-la chauffer à feu doux, en tournant avec une cuillère en bois, jusqu'à ce qu'elle ait la consistance voulue.

Pour la garniture : Huilez une grande poêle en fonte au spray et chauffez-la à feu moyen-vif. Faites légèrement

PRÉPARATION	CUISSON	POUR	SMARTPOINTS	CALORIES
20 MINUTES	30 MINUTES	5 PERSONNES	16 PAR PORTION	494 PAR PORTION

PRÉPARATION (SUITE)

dorer le poulet pendant environ 5 minutes et transférez-le dans un grand bol. Remettez quelques vaporisations d'huile et faites revenir l'oignon environ 5 minutes, le temps qu'il commence à se colorer, puis ajoutez les carottes et le céleri. Poursuivez la cuisson pendant 3 à 4 minutes, jusqu'à ce qu'ils s'attendrissent. Intégrez les champignons, laissez le tout cuire 2 à 3 minutes jusqu'à ce que tous les légumes soient tendres et joignez-les au poulet. Incorporez les petits pois en remuant. Versez la sauce sur le poulet et la poêlée de légumes et mélangez bien.

Pour monter et cuire les tourtes : Vaporisez d'huile 5 ramequins de 25 cl de contenance. Avec une louche, remplissez-les à ras bord de garniture. Laissez refroidir complètement, puis mettez les récipients au réfrigérateur pendant que vous étalez la pâte.

Préchauffez le four à 190 °C (375 °F).

Fleurez légèrement un plan de travail avec de la farine sans gluten. Étalez la pâte pour avoir une abaisse de 5 mm d'épaisseur et passez la main sur celle-ci pour la débarrasser de la farine superflue. Découpez 5 disques de 10 cm de diamètre (ils doivent dépasser légèrement des bords des ramequins). Percez un petit trou au centre des disques et posez-en un sur chaque ramequin, en appuyant avec douceur sur le bord pour le faire adhérer autour du récipient. Placez les tourtes sur une plaque de cuisson couverte de papier sulfurisé et badigeonnez délicatement d'œuf battu les couvercles en pâte. Enfournez pour 30 minutes, ou jusqu'à ce que les couvercles soient d'un brun doré et la garniture chaude. Sortez du four et servez immédiatement.

Ce plat mérite chaque seconde nécessaire à sa préparation.

TARTE À LA TOMATE ET AU CHEDDAR BLANC

RECETTE DU CHEF ART SMITH

Un classique de la cuisine du Sud que j'ai mangé pendant toute ma jeunesse dans le Mississippi. Nous en avons servi à l'équipe qui a travaillé sur ce livre et tous les membres ont dit qu'ils n'avaient jamais rien goûté d'aussi bon.

INGRÉDIENTS

Croûte

290 g (2 tasses ½) de farine levante

30 g (2 c. à soupe) de beurre doux, coupé en cubes de 1 cm

30 g (2 c. à soupe) de margarine, coupée en cubes de 1 cm

20 g (¼ de tasse) de cheddar blanc râpé

12,5 cl (½ tasse) de lait ribot, ou plus au besoin

Huile d'olive vierge extra en spray

Garniture à la tomate

420 g (3 tasses) de tomates poires ou grappe, coupées en deux

70 g (1 tasse) de cheddar blanc, râpé

4 g (2 c. à soupe) de ciboulette fraîche, ciselée

15 g (2 c. à soupe) de farine de blé tout usage

30 g (2 c. à soupe) de beurre doux

1 oignon vidalia, haché

2 gousses d'ail, hachées

1 piment jalapeño, épépiné et haché

1 gros blanc d'œuf, battu avec 3 cl (2 c. à soupe) d'eau

Sel marin et poivre noir fraîchement moulu

PRÉPARATION

Pour la croûte : Dans un robot, mixez la farine, le beurre, la margarine et le fromage à l'aide de la fonction « pulse », jusqu'à ce que le beurre et la margarine forment des morceaux de la taille d'un petit pois. Incorporez peu à peu le lait ribot et travaillez jusqu'à obtenir une pâte homogène. Si celle-ci est trop sèche, ajoutez du lait ribot, à raison de 1,5 cl (1 c. à soupe) à la fois. La pâte doit être assez humide pour former une boule, mais pas mouillée. Donnez-lui la forme d'un disque aplati, enveloppez-la de film alimentaire et réservez au réfrigérateur entre 1 et 24 heures.

Pour la garniture à la tomate : Dans un bol, mélangez les tomates, le fromage, la ciboulette et la farine avec une cuillère en bois. Lorsque la préparation est homogène, réservez-la.

Faites fondre le beurre à feu moyen dans une poêle. Faites revenir l'oignon, l'ail et les piments 5 minutes, le temps que les oignons soient transparents. Retirez la poêle du feu et versez son contenu dans le bol contenant la garniture à la tomate. Mélangez à l'aide d'une cuillère en bois. Salez, poivrez et laissez refroidir à température ambiante.

Pour monter et cuire la tarte : Sortez la pâte du réfrigérateur et coupez-la en deux. Vaporisez un peu d'huile sur un plat à tarte de 20 cm de diamètre. Fleurez légèrement un plan de travail et abaissez un disque de pâte en un cercle de 25 cm. Passez la main dessus pour retirer la farine superflue et garnissez-en le moule, en tassant bien le fond et les bords. Versez le mélange à la tomate dans le moule garni de sa pâte et lissez la surface à l'aide d'une spatule métallique pour qu'elle soit régulière.

De nouveau, fleurez le plan de travail et étalez la seconde moitié de la pâte pour obtenir un cercle de 25 cm. Passez la main dessus pour retirer la farine superflue. Avec une roulette à pizza ou un couteau (comme celui de la page 219), découpez 12 bandes de 1 cm et disposez-les en croisillons sur la tarte pour créer un motif tressé. Écrasez légèrement les bandes de pâte sur le bord extérieur, puis retirez la pâte en trop avec un petit couteau. Badigeonnez le dessus de blanc d'œuf, salez et poivrez.

Préchauffez le four à 200 °C (400 °F) et enfournez la tarte. Au bout de 10 minutes, réduisez la température à 190 °C (375 °F) et laissez au four 35 minutes de plus, ou jusqu'à ce que la croûte soit brun doré et que des bulles se forment. Laissez la tarte refroidir sur une grille 30 minutes ou le temps qu'elle soit à température ambiante. Elle peut se conserver jusqu'à 3 jours au réfrigérateur, enveloppée de film alimentaire.

PRÉPARATION	CUISSON	POUR	SMARTPOINTS	CALORIES
30 MINUTES	55 MINUTES	8 PERSONNES	11 PAR PORTION	337 PAR PORTION

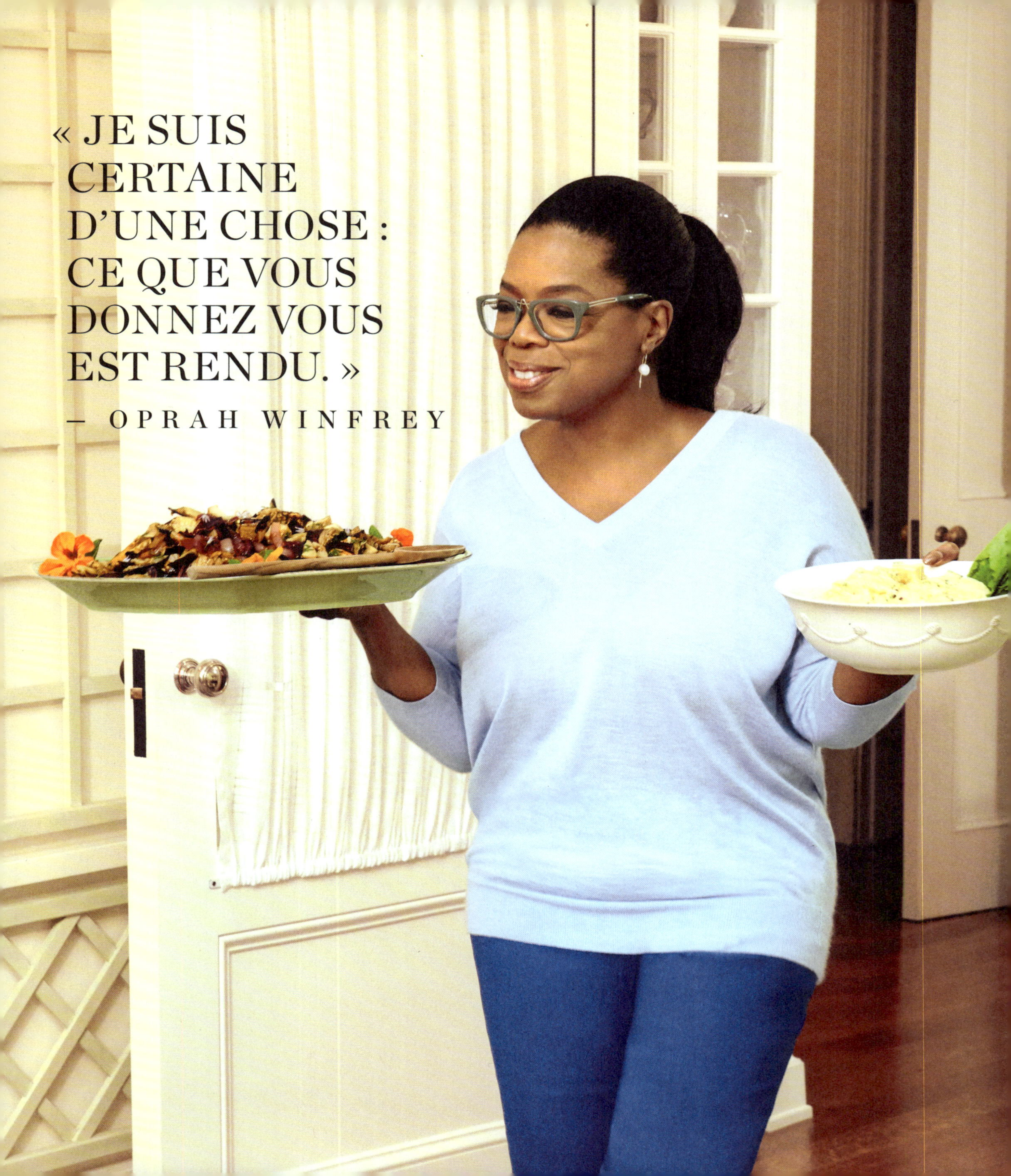

« JE SUIS CERTAINE D'UNE CHOSE : CE QUE VOUS DONNEZ VOUS EST RENDU. »

– OPRAH WINFREY

DINDE DE THANKSGIVING

J'ai vu de magnifiques dindes de Thanksgiving arriver sur la table sur un plat en argent, garnies d'oranges et de grenades. On aurait dit une peinture flamande du Metropolitan Museum of Art ! Mais quand on mord dedans, on a souvent l'impression de manger du carton. Suivez cette recette pas à pas, et je vous garantis que votre dinde sera somptueuse, juteuse, savoureuse, vraiment... à en perdre la tête !

INGRÉDIENTS

- 6 feuilles de laurier
- 3 c. à soupe de baies de genièvre
- 2 gros oignons jaunes, hachés
- 1 tête d'ail, les gousses pelées et écrasées
- 12 litres d'eau
- 50 cl (2 tasses) de vinaigre de vin rouge
- ½ bouquet de thym frais
- ½ bouquet de romarin frais
- 1 dinde bio (9 kg)
- 600 g (2 ½ tasses) de sel casher
- 30 g (⅓ de tasse) de grains de poivre noir

PRÉPARATION

Chauffez une grande casserole à feu moyen. Mettez-y les grains de poivre, les feuilles de laurier et les baies de genièvre et laissez-les 3 minutes sur le feu, le temps que les parfums se libèrent. Ajoutez l'oignon et l'ail et laissez cuire 1 minute supplémentaire, puis versez 1 litre d'eau et le sel. Portez à ébullition à feu vif en tournant pour dissoudre le sel. Intégrez le reste d'eau, le vinaigre, le thym et le romarin. Versez la saumure dans un seau de 20 litres de contenance (vous pouvez aussi utiliser un sac à saumure). Placez la dinde dans la saumure, la poitrine vers le bas, en vous assurant que la cavité se remplit et que le volatile est complètement immergé. Réservez 24 heures au réfrigérateur.

Préchauffez le four à 220 °C (425 °F) et installez une grille en position intermédiaire basse.

Sortez la dinde de la saumure et séchez-la en la tamponnant avec de l'essuie-tout. Placez-la poitrine vers le haut sur une grille installée dans une rôtissoire. Retournez les ailes vers l'arrière pour stabiliser la dinde. Enfournez-la, les pattes en direction du fond du four. Faites-la rôtir 20 minutes, puis réduisez la température à 160 °C (325 °F). Poursuivez la cuisson pendant environ 3 heures et demie, en arrosant toutes les 30 minutes, jusqu'à ce que la partie la plus épaisse de la cuisse atteigne 75 °C (165 °F). Si n'importe quelle partie de l'animal se met à trop foncer, protégez-la avec de l'aluminium. Sortez la dinde du four, transférez-la sur un plateau et laissez-la reposer 15 minutes avant de la découper.

PRÉPARATION	CUISSON	POUR	SMARTPOINTS	CALORIES
15 MINUTES (PLUS 24 HEURES AU RÉFRIGÉRATEUR)	4 HEURES	16 PERSONNES	8 PAR PORTION	549 PAR PORTION

PAIN DE MAÏS FARCI DE SAUCISSE DE DINDE, POMMES ET SAUGE

RECETTE DU CHEF ART SMITH

Je mange ce plat une fois par an seulement, mais il va sans dire que Thanksgiving n'est pas le jour que je choisis pour mettre en œuvre le contrôle des portions – en tout cas, pas quand il s'agit de ce plat !

INGRÉDIENTS

- 3 c. à soupe d'huile d'olive vierge extra
- 450 g de saucisses de dinde déboyautées
- 2 oignons jaunes hachés
- 2 pommes Granny-Smith pelées, débarrassées de leur trognon et coupées en morceaux
- 3 branches de céleri, coupées en morceaux
- 2 c. à soupe de sauge fraîche, ciselée
- 3 c. à soupe de persil frais, ciselé
- 2 c. à thé de feuilles de thym fraîches
- 1 pain de maïs (environ 8 tasses), coupé en cubes et laissé à sécher depuis la veille
- ½ pain complet ou blanc (4 tasses), laissé à sécher depuis la veille
- 3 gros œufs battus
- 50 cl (2 tasses) de bouillon de poulet maison (page 42), réchauffé, et plus au besoin
- Sel et poivre noir fraîchement moulu

PRÉPARATION

Préchauffez le four à 190 °C (375 °F) et huilez légèrement une cocotte de 20 x 25 cm.

Chauffez 1,5 cl (1 c. à soupe) d'huile à feu moyen-vif dans une grande poêle. Faites-y revenir la chair à saucisse 5 minutes environ, en mélangeant souvent, jusqu'à ce qu'elle perde sa couleur rose. Transférez dans un grand saladier. Versez l'huile restante dans la poêle et cuisez les oignons à feu moyen, pendant environ 5 minutes, jusqu'à ce qu'ils deviennent translucides. Incorporez les pommes, le céleri et 2,5 g (½ c. à thé) de sel. Poursuivez la cuisson 10 minutes, jusqu'à ce que le tout soit tendre, sans pour autant se défaire ou devenir de la purée. Transférez ensuite le mélange dans le bol avec la saucisse. Intégrez la sauge, le persil et le thym. Ajoutez les cubes de pain sec et mélangez. Incorporez les œufs et suffisamment de bouillon de poulet pour mouiller la farce. Salez et poivrez.

Étalez le mélange dans le plat de cuisson que vous avez préparé. Si ce dernier paraît sec sur les bords, ajoutez un filet de bouillon. Couvrez de papier aluminium et enfournez pour 45 minutes environ, jusqu'à ce que le dessus ait légèrement bruni. Enlevez l'aluminium à mi-cuisson pour obtenir un dessus croustillant.

PRÉPARATION	CUISSON	POUR	SMARTPOINTS	CALORIES
20 MINUTES	70 MINUTES	12 PERSONNES	7 PAR PORTION	254 PAR PORTION

Les pommes de terre sont riches en potassium et leur peau est la partie la plus nutritive.

POMMES DE TERRE AU FOUR « CUITES DEUX FOIS »

Cette recette me rappelle toujours les pommes de terre au four de l'aire de restauration que j'écumais dans le Maryland. Celles-ci sont cependant beaucoup plus saines !

INGRÉDIENTS

2 grosses pommes de terre à cuire au four, de type russet

¼ de brocoli (1 tasse) en très petits bouquets

2 c. à soupe de crème aigre ou de fromage cottage allégé(e)

4 c. à soupe de cheddar râpé

Grains d'1 petit épi de maïs (environ ½ tasse)

2 c. à soupe d'oignon vert haché

Sel

½ c. à thé de poivre noir fraîchement moulu

Pour que ce soit encore plus délicieux, saupoudrez abondamment du sel à la truffe Sabatino®.

PRÉPARATION

Préchauffez le four à 200 °C (400 °F).

Brossez les pommes de terre, puis piquez-les en plusieurs endroits avec une fourchette. Posez-les directement sur la grille du four et faites-les cuire de 45 minutes à 1 heure, jusqu'à pouvoir les percer facilement avec une fourchette. Sortez-les du four et augmentez la température à 220 °C (425 °F).

Pendant ce temps, portez à ébullition à feu vif une casserole d'eau salée de taille moyenne. Plongez-y le brocoli et faites-le cuire à peine 45 secondes, le temps qu'il soit tendre mais encore croquant et vert vif. Égouttez-le, puis rincez-le à l'eau froide. Tamponnez-le avec de l'essuie-tout pour le sécher et réservez.

Coupez les pommes de terre en deux et évidez-les, en laissant suffisamment de chair pour avoir une base bien solide à garnir. Mettez les pommes de terre évidées dans un plat de cuisson et réservez la chair dans un bol. Écrasez celle-ci à l'aide d'une fourchette ou d'un écrase-purée.

Ajoutez la crème aigre, la moitié du fromage, le maïs en grains, les oignons verts, ½ c. à thé de sel et le poivre dans le bol avec la chair des pommes de terre et mélangez délicatement. Avec une cuillère, farcissez les pommes de terre évidées et plantez les bouquets de brocoli au sommet, comme des petits arbres. Saupoudrez-les du fromage restant et enfournez pour 15 minutes, ou jusqu'à ce que le fromage bouillonne.

Note : Les pommes de terre farcies peuvent être préparées la veille et conservées couvertes au réfrigérateur. Pour les réchauffer, mettez-les dans un plat à cuisson et enfournez-les 20 minutes, ou le temps qu'elles soient chaudes à l'intérieur.

PRÉPARATION	CUISSON	POUR	SMARTPOINTS	CALORIES
75 MINUTES	1 HEURE	4 PERSONNES	6 PAR PORTION	205 PAR PORTION

Pour les petits creux

Une petite collation permet parfois de tromper une grosse faim. Je ne parle pas de grignoter sans faire attention ou de faire des allers-retours au distributeur de friandises. Mes collations sont des portions précises d'aliments sains et délicieux, pas plus d'une ou deux fois par jour. En voici trois parmi mes préférées à avoir sous la main pour se donner un petit coup de fouet.

CHIPS À LA TRUFFE

La première fois que j'ai réussi cette recette à la perfection, j'en ai littéralement pleuré de joie !

---

3 pommes de terre rouges bliss très fraîches de taille moyenne
Huile d'olive vierge extra en spray
Sel à la truffe Sabatino®

Préchauffez le four à 175 °C (350 °F). Couvrez le fond d'une plaque de cuisson mesurant 30 x 45 cm d'un tapis de silicone ou de papier sulfurisé et vaporisez uniformément d'huile.

Avec une mandoline, coupez les pommes de terre en rondelles d'1 mm d'épaisseur et mettez celles-ci dans un grand bol. Rincez-les à l'eau froide et égouttez-les. Posez-les entre des feuilles d'essuie-tout et tamponnez-les pour absorber l'humidité restante.

Disposez les rondelles de pommes de terre sur la plaque de cuisson, proches les unes des autres, mais sans qu'elles se touchent. Vaporisez-les légèrement d'huile et couvrez-les d'un autre tapis en silicone ou d'une feuille de papier sulfurisé. Posez une seconde plaque de cuisson sur le tout pour maintenir les pommes de terre bien à plat tant qu'elles sont dans le four.

Enfournez les pommes de terre pour 10 minutes, puis vérifiez leur cuisson ; les chips sont prêtes lorsqu'elles sont brun doré et croustillantes. Celles qui se trouvent le plus à l'extérieur seront peut-être prêtes avant celles du milieu ; transférez-les sur une grille avec une spatule métallique, et assaisonnez-les immédiatement avec du sel à la truffe. Couvrez celles qui ne sont pas prêtes, remettez-les au four et revérifiez leur cuisson au bout de 5 minutes. Continuez de sortir celles qui sont prêtes au fur et à mesure en les plaçant sur la grille et en les assaisonnant tout de suite de sel à la truffe, jusqu'à ce que toutes les chips soient prêtes. Servez immédiatement.

POUR 4 PERSONNES
3 SMARTPOINTS PAR PORTION

CHIPS DE CHOU KALE

En me rendant à une soirée il y a un moment de cela, j'emporte un petit sac de mes chips au chou kale maison comme collation pour ne pas être tentée par les amuse-bouches. Me voilà, tout sourire, quand quelqu'un me prend par le bras et me chuchote : « Je sens qu'il va y avoir beaucoup de photos de toi ; tes dents sont, hem comment dire... vertes. » Je comprends qu'elle me dit que j'ai un bout de chou kale coincé, alors je passe ma langue sur mes dents plusieurs fois et je lui demande : « Je l'ai eu ? » Elle détourne le regard et me répond, « Euh, tu devrais faire un tour aux toilettes... » Bon, je regarde dans le miroir des toilettes pour dames et... oh NOOON ! C'était comme si mes dents avaient décidé de fêter la Saint-Patrick au mois de juin ! Ma bouche était entièrement verte ! Combien de personnes avaient vu ça sans rien dire ? Toute la soirée, je suis retournée voir la femme qui m'avait sauvée pour lui dire merci beaucoup ! Merci BEAUCOUP ! Au bout de la troisième fois, elle a cru que je la poursuivais. Tout ça pour dire : essayez les chips de chou kale, mais jetez un œil à votre sourire avant une soirée !

---

1 bouquet de chou kale frisé ou noir de Toscane, lavé et bien séché

Huile d'olive vierge extra en spray

1 c. à thé de mélange d'épices cajun à noircir

Sel de mer fin

Préchauffez le four à 175 °C (350 °F).

Retirez les tiges du chou kale et déchirez les feuilles en morceaux de 4 à 5 cm. Disposez le chou kale sur une ou deux plaques de cuisson couvertes de tapis en silicone ou de papier sulfurisé. Vaporisez le chou kale d'un peu d'huile d'olive et saupoudrez-le légèrement de mélange d'épices à noircir. Enfournez pour 10 minutes. Contrôlez les chips ; si certaines ont besoin d'un peu plus de temps, retirez celles qui sont prêtes et remettez la ou les plaque(s) de cuisson au four quelques minutes pour que les autres soient bien croustillantes. Salez.

POUR 2 PERSONNES

0 SMARTPOINT PAR RATION

Choisissez des feuilles plus petites et plus jeunes si vous préférez le kale frisé. Les chips de kale rassasient encore plus associées à d'autres gourmandises comme le pop-corn (voir à droite).

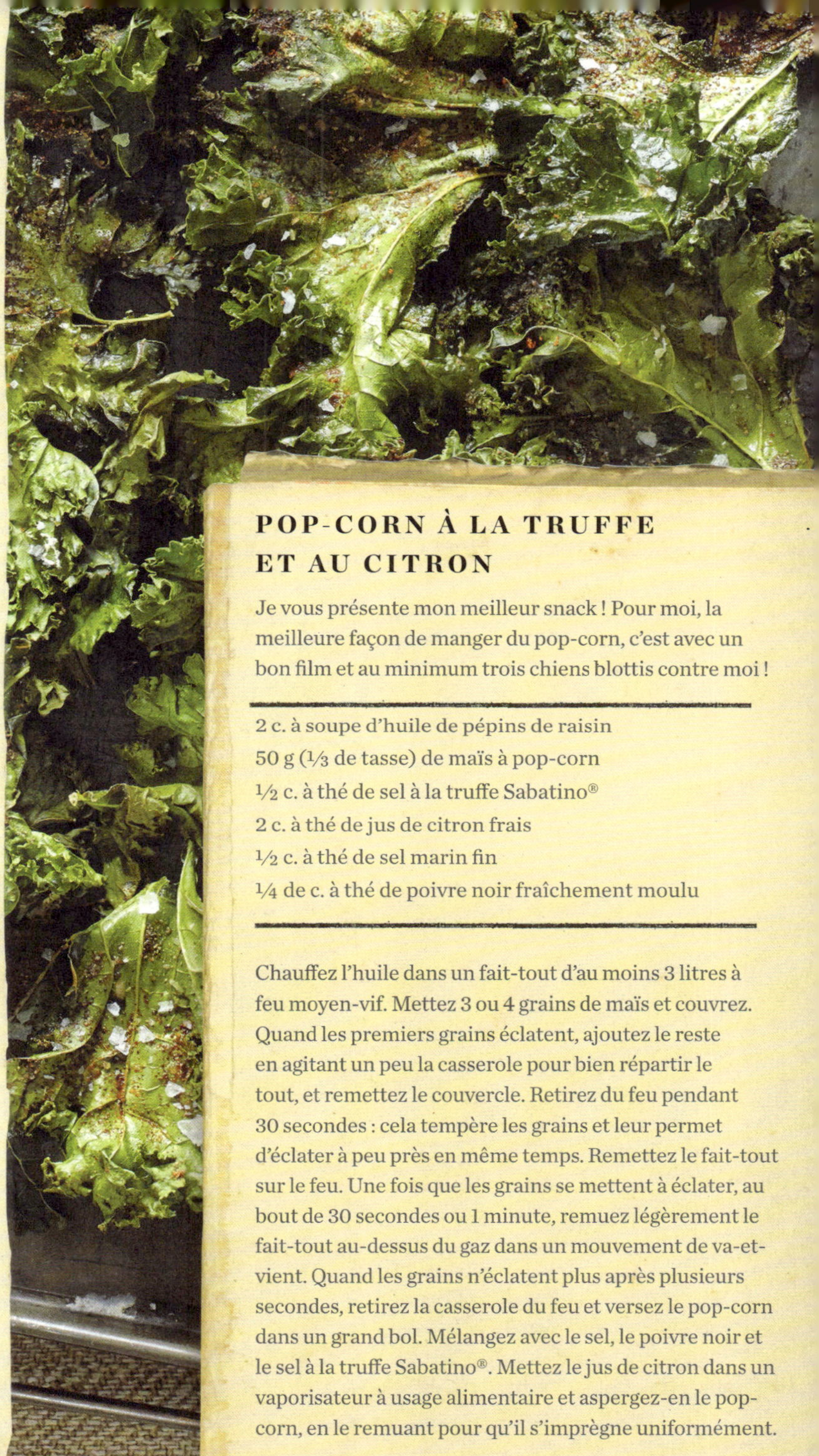

POP-CORN À LA TRUFFE ET AU CITRON

Je vous présente mon meilleur snack ! Pour moi, la meilleure façon de manger du pop-corn, c'est avec un bon film et au minimum trois chiens blottis contre moi !

---

2 c. à soupe d'huile de pépins de raisin

50 g (1/3 de tasse) de maïs à pop-corn

1/2 c. à thé de sel à la truffe Sabatino®

2 c. à thé de jus de citron frais

1/2 c. à thé de sel marin fin

1/4 de c. à thé de poivre noir fraîchement moulu

Chauffez l'huile dans un fait-tout d'au moins 3 litres à feu moyen-vif. Mettez 3 ou 4 grains de maïs et couvrez. Quand les premiers grains éclatent, ajoutez le reste en agitant un peu la casserole pour bien répartir le tout, et remettez le couvercle. Retirez du feu pendant 30 secondes : cela tempère les grains et leur permet d'éclater à peu près en même temps. Remettez le fait-tout sur le feu. Une fois que les grains se mettent à éclater, au bout de 30 secondes ou 1 minute, remuez légèrement le fait-tout au-dessus du gaz dans un mouvement de va-et-vient. Quand les grains n'éclatent plus après plusieurs secondes, retirez la casserole du feu et versez le pop-corn dans un grand bol. Mélangez avec le sel, le poivre noir et le sel à la truffe Sabatino®. Mettez le jus de citron dans un vaporisateur à usage alimentaire et aspergez-en le pop-corn, en le remuant pour qu'il s'imprègne uniformément.

POUR 4 PERSONNES

3 SMARTPOINTS PAR PORTION

Pour alléger cette recette en points, utilisez un appareil à pop-corn à air chaud (page 219), qui ne nécessite pas d'huile.

CHAPITRE

6

LES LÉGUMES VERTS DANS TOUTE LEUR SPLENDEUR

CHAPITRE 6
LES LÉGUMES VERTS
DANS TOUTE LEUR SPLENDEUR

PETITE FILLE, JE ME VOIS ENCORE ASSISE SUR LA GALERIE À ÉCOSSER LES PETITS POIS ET ÉGRENER LE MAÏS.

J'adorais éplucher les épis et récupérer les fils blonds soyeux pour faire des cheveux à la poupée que je m'étais fabriquée. Les petits pois, c'était une autre histoire. Quel que soit le nombre de pois que je sortais de leur petite cosse protectrice – ça n'en finissait pas – , le bol semblait ne jamais se remplir. Pourquoi est-ce que je devais semer, planter et récolter nos légumes de A à Z, alors que d'autres – les gens riches que je voyais tout le temps à la télévision – n'avaient qu'à ouvrir une boîte ?

Je voulais les petits pois du Géant Vert®. Mais ce que je désirais vraiment, c'était la sensation que je pensais éprouver si j'achetais les aliments dans une vraie épicerie : l'impression qu'il existait une vie d'abondance, de générosité, où je n'avais qu'à me servir.

Plus on en sait, mieux on fait.

Eh oui, revoilà le refrain de Maya. Parfois, je me dis qu'elle ne m'a jamais quittée, plutôt rejointe car elle fait partie de moi. Maya, j'ai un petit peu plus de jugeote, maintenant.

Pour s'efforcer de mieux faire, il y a une règle chez moi : on n'achète pas de légumes que l'on peut faire pousser soi-même. On mange ce qu'il y a dans le jardin, selon la saison. Résultat : j'ai la tête au soleil et les mains dans la terre. Les travaux du jardin que je dédaignais ? Aujourd'hui, je m'y adonne avec passion. Les petits pois en boîte que je considérais comme un luxe ? Je pense désormais que c'est plus sain, moins cher et infiniment meilleur de faire pousser les miens. On ne dira jamais assez combien il est bon de récolter ce que l'on sème. J'apprécie réellement le moindre artichaut que je mange quand je repense à tout le travail qu'il m'a demandé. Le maïs n'est jamais aussi doux, la laitue plus tendre, quant aux petits pois – je l'avoue, je prends plaisir à les écosser maintenant ! Ces temps-ci, les géants verts que je convoite viennent du jardin, bourrés des nutriments et vitamines que nos organismes réclament. Il y a des bettes à cardes, du chou kale, des courgettes, du chou vert et des navets,

Moi qui détestais le jardinage, me voici en train d'apprendre les choses de la terre avec Russel Greenleaf (oui, ça veut dire "feuille verte" et c'es son vrai nom), le cultivateur de ma ferme à Mau

Toto, j'ai l'impression que nous ne sommes plus dans le Mississippi ! Mais ma grand-mère serait si fière de ces choux verts !

Rien n'est plus satisfaisant que de manger ce que l'on cultive. Si vous vivez en ville, essayez de faire pousser du romarin ou du basilic sur le bord de votre fenêtre !

bien sûr, et tant de variétés de laitues que vous pouvez manger une salade différente chaque jour de la semaine. Comme moi.

Avant, je mangeais de la salade comme on fait ses devoirs. Je ne me doutais pas qu'une salade superbement composée – avec tout le répertoire des textures, allant du croquant à l'infiniment délicat, un arc-en-ciel de couleurs, et des saveurs dont le registre comprend l'exotique, l'aigre-doux, les agrumes, la noisette, l'acide et l'épicé, parfois dans la même bouchée – est de loin la manière la plus délicieuse de s'amuser. Le secret est d'assaisonner la salade comme il faut (versez un filet de vinaigrette, mélangez et recommencez autant de fois qu'il faut) et de s'autoriser à improviser.

Quand la maison est pleine d'invités affamés, je fais en sorte – même au petit déjeuner – de proposer une belle salade composée. Nombre des salades de ce chapitre font partie de mes préférées. Certaines sont légères, d'autres consistantes. Toutes sont des merveilles de saveur. (Pour ne rien gâcher : presque tout ce qui est vert fait zéro point !)

Je crois qu'il n'y a pas de meilleure façon de clore ce voyage culinaire que ces plats qui célèbrent la nature. Cela peut paraître fleur bleue, mais quand je mange une bonne salade fraîche, je ne peux pas m'empêcher de penser au ciel bleu, au vent tiède et à la chance que j'ai d'être en vie sur cette terre, belle et généreuse. Servez-vous – j'ai gardé le meilleur pour la fin.

SALADE DE TOMATES ANCIENNES ET DE MAÏS D'ÉTÉ AVEC SA VINAIGRETTE À L'ESTRAGON

Cette recette, c'est le marché sur votre table ! Ne pensez toutefois pas la faire en hiver. Si les ingrédients ne sont pas de la toute dernière fraîcheur, cela ne donne rien. Cette salade mettra aussi magnifiquement en valeur un simple filet de poisson grillé.

INGRÉDIENTS

Vinaigrette

6 cl (1/4 de tasse) de vinaigre de riz
Zeste et jus d'un citron
1/2 échalote, hachée
2 c. à thé de moutarde de Dijon
1 c. à soupe de miel
15 g (1/2 tasse) de feuilles d'estragon frais
25 cl (1 tasse) d'huile de pépins de raisin
Sel de mer
Poivre noir fraîchement concassé

Salade

6 tranches de jambon prosciutto
4 épis de maïs
10 g (1/4 de tasse) de ciboulette fraîche, hachée
6 tomates anciennes moyennes de différentes couleurs
1 oignon rouge moyen, finement tranché en demi-lunes
180 g de fromage de chèvre à pâte molle
Sel et poivre noir fraîchement concassé

PRÉPARATION

Préchauffez le four à 175 °C (350 °F) et couvrez une plaque à cuisson de papier sulfurisé.

Pour la vinaigrette : Dans un mixeur, versez le vinaigre, le zeste et le jus de citron, l'échalote, la moutarde, le miel, 3/4 de c. à thé de sel et quelques tours de moulin à poivre et mélangez. Ajoutez l'estragon, puis versez l'huile par le trou du couvercle du blender, et mixez jusqu'à obtenir une émulsion.

Pour la salade : Disposez le prosciutto sur une plaque de cuisson et passez-le au four de 10 à 15 minutes, jusqu'à ce qu'il soit presque complètement croustillant. Sortez-le, laissez-le refroidir et rompez-le en morceaux de la taille de bouchées.

Épluchez les épis de maïs et égrenez-les au couteau. Dans un bol, mélangez le maïs, la ciboulette, et 6 cl (1/4 de tasse) de vinaigrette. Goûtez et ajustez l'assaisonnement au besoin. Coupez les tomates en gros quartiers, disposez ceux-ci sur un plat et saupoudrez-les d'un peu de sel. Éparpillez les tranches d'oignon autour des tomates, puis répartissez le maïs et sa vinaigrette par-dessus. Couronnez le tout de prosciutto puis de chèvre émietté. Donnez quelques tours de moulin à poivre pour finir.

La vinaigrette se conserve jusqu'à une semaine au réfrigérateur – quelque chose me dit qu'au bout de deux jours, il n'en restera plus !

PRÉPARATION	CUISSON	POUR	SMARTPOINTS	CALORIES
20 MINUTES	15 MINUTES	8 PERSONNES	6 PAR PORTION	192 PAR PORTION

SALADE DE CHOUX DE BRUXELLES ACCOMPAGNÉE DE COPEAUX DE PARMESAN ET DE VINAIGRETTE AU CITRON MEYER ET À LA TRUFFE

Présentez-moi quelqu'un qui n'aime pas les choux de Bruxelles et je vous révélerai une personne qui doit goûter cette salade ! On ignore comme ils sont bons, coupés en lamelles et servis crus avec une vinaigrette citronnée.

INGRÉDIENTS

- Zeste et jus de 2 citrons Meyer
- 1 gousse d'ail, râpée au zesteur-râpe
- 1 c. à thé de thym frais, finement ciselé
- ½ c. à thé de Sabatino Truffle Zest®
- 1 c. à thé de sel à la truffe
- ½ c. à thé de sirop d'agave
- 1 c. à thé d'huile à la truffe
- 4 c. à thé d'huile d'olive fumée, comme la Castillo de Canena
- 500 g (4 tasses) de choux de Bruxelles, coupés en lamelles
- 70 g (2 tasses) de roquette miniature
- 35 g (1 tasse) de feuilles de persil plat frais
- 30 g de parmesan d'excellente qualité, râpé au zesteur-râpe
- 2 c. à soupe de pignons, grillés
- ¼ de c. à thé de sel de mer
- ¼ de c. à thé de poivre noir fraîchement moulu

PRÉPARATION

Dans un petit bol, mélangez le zeste et le jus de citron, l'ail, le thym, le Truffle Zest®, le sel à la truffe, le sirop d'agave, l'huile à la truffe et l'huile d'olive fumée. Réservez la vinaigrette.

Placez les choux de Bruxelles dans un saladier. Mélangez avec le sel de mer et le poivre noir. Arrosez les choux de Bruxelles de vinaigrette, mélangez bien et laissez reposer de 8 à 10 minutes. Ajoutez la roquette miniature, le persil et le parmesan. Servez dans des bols et saupoudrez de pignons grillés.

PRÉPARATION	REPOS	POUR	SMARTPOINTS	CALORIES
15 MINUTES	10 MINUTES	4 PERSONNES	4 PAR PORTION	168 PAR PORTION

Cette salade mariant notes acides et parfums de sous-bois a été une véritable révélation pour moi. Elle fait très bonne figure avec n'importe quel rôti ou autre plat de poisson.

SALADE DE LENTILLES AUX ÉPINARDS, FROMAGE DE CHÈVRE, GRAINES DE GRENADE ET GASTRIQUE D'OIGNON ROUGE

J'ai vu le mot « gastrique » pour la première fois sur des menus. J'en ai fait plus tard chez moi, mais j'ai eu besoin de Google pour comprendre de quoi il s'agissait techniquement ! En fait, une gastrique est simplement une sauce aigre-douce dans laquelle vous pouvez faire infuser à peu près tout ce que vous voulez – ici, de l'oignon rouge. Très sophistiqué et en même temps si simple !

L'action antioxydante du jus de pépins de grenade serait trois fois plus forte que celle du thé vert !

INGRÉDIENTS

- 150 cl (6 tasses) d'eau
- 300 g (1 ½ tasse) de lentilles béluga ou du Puy
- 1 c. à soupe d'huile d'olive vierge extra
- 2 oignons rouges moyens, finement tranchés en demi-lunes
- 1 c. à thé de poudre de curry
- 80 g (¼ de tasse) de raisins secs
- 1 c. à soupe de mélasse de grenade
- Jus de 2 citrons
- Zeste et jus d'½ orange
- 1 c. à thé de flocons de piment rouge
- 2 gousses d'ail, râpées au zesteur-râpe
- 1 c. à thé de sirop d'agave
- 1 pomme Granny-Smith, débarrassée de son trognon et coupée en petits dés
- 375 g (3 tasses) de feuilles d'épinards
- 55 g (¼ de tasse) de fromage de chèvre à pâte molle, à température ambiante
- 70 g (½ tasse) de graines de citrouille, grillées
- 140 g (1 tasse) de graines de grenade
- Sel
- Poivre noir fraîchement moulu

PRÉPARATION

Faites bouillir l'eau dans une casserole de taille moyenne. Ajoutez 10 g (2 c. à thé) de sel et les lentilles, refaites bouillir, puis laissez mijoter à feu moyen-doux pendant 25 minutes, jusqu'à ce que les lentilles soient tendres. Égouttez-les et réservez.

Chauffez l'huile dans une grande poêle à frire à feu moyen-vif. Faites-y revenir les oignons avec 2,5 g (½ c. à thé) de sel pendant 8 à 10 minutes en remuant de temps en temps, jusqu'à ce qu'ils se colorent légèrement. Incorporez le curry en poudre et les raisins et faites cuire le tout 5 minutes en remuant. Ajoutez la mélasse de grenade et retirez du feu.

Pendant ce temps, dans un bol, mélangez au fouet le jus de citron, le jus et le zeste d'orange, les flocons de piment rouge, le sirop d'agave et 5 g (1 c. à thé) de sel. Ajoutez la pomme, mélangez et poivrez.

Dans un grand saladier, mélangez les lentilles, la préparation à l'oignon rouge, les épinards et la pomme et laissez reposer 10 minutes. Émiettez le chèvre dedans, ajoutez les graines de citrouille et de grenade et mélangez délicatement. Servez dans des bols.

PRÉPARATION	CUISSON	POUR	SMARTPOINTS	CALORIES
10 MINUTES	40 MINUTES	8 PERSONNES	8 PAR PORTION	319 PAR PORTION

AUBERGINES AU FOUR ET CHOU KALE, MOZZARELLA FRAÎCHE ET PIGNONS

Pour un plat qui ne coûte que 3 points, cette salade est sacrément copieuse et ne manque pas de goût. Servez-la avec un bol de soupe, et le déjeuner est prêt !

INGRÉDIENTS

6 petites aubergines (environ 15 cm de long)
Un peu d'huile d'olive vierge extra en spray
½ botte de chou noir de Toscane
1 c. à soupe huile d'olive vierge extra
1 gousse d'ail, râpée au zesteur-râpe
60 g de mozzarella fraîche, coupée en petits cubes
10 grains (¼ de tasse) de raisins de Corinthe
15 g (½ tasse) de basilic frais, haché
8 g (¼ de tasse) de feuilles de persil plat frais
15 g (½ tasse) de ciboulette fraîche, ciselée
2 c. à thé de crème de vinaigre balsamique
2 c. à soupe de pignons, grillés
Sel marin
Poivre noir fraîchement concassé

PRÉPARATION

Préchauffez le four à 220 °C (425 °F). Coupez les aubergines en deux dans la longueur et placez-les sur une plaque de cuisson, côté coupe vers le haut. Vaporisez-les d'huile, salez et enfournez 20 minutes ou le temps qu'elles colorent un peu.

Pendant ce temps, retirez les tiges du chou kale et mettez les feuilles les unes sur les autres pour les couper finement. Saupoudrez-les d'1 g (¼ de c. à thé) de sel et faites pénétrer celui-ci à la main, en frottant. Laissez reposer 10 minutes pour permettre aux feuilles de s'attendrir.

Dans un petit bol, mélangez l'huile et l'ail. Versez sur le chou kale et mélangez bien pour imprégner les feuilles d'huile aillée. Incorporez le fromage, les raisins, le basilic, le persil et la ciboulette. Placez les aubergines sur une assiette, arrosez-les de crème balsamique, salez et poivrez. Mettez la salade de chou kale par-dessus, parsemez de pignons et servez.

PRÉPARATION	CUISSON	POUR	SMARTPOINTS	CALORIES
15 MINUTES	20 MINUTES	6 PERSONNES	3 PAR PORTION	126 PAR PORTION

Le chou noir de Toscane est aussi appelé "chou palmier", ou "kale lacinato". C'est un superbe légume vert sombre très croquant.

SALADE DE KALE NOIR DE TOSCANE ET DE POMME

Vous commencez peut-être à déceler des points communs entre ces recettes. La plupart intègrent un élément de douceur. Qu'il s'agisse de miel, de sirop d'agave, de pommes, de raisins secs, de graines de grenade, d'abricots ou de canneberges séchés, cette toute petite pointe de sucre est toujours un joker intéressant pour contrebalancer le sel.

INGRÉDIENTS

- 2 c. à soupe de jus de citron frais
- 1 c. à soupe de vinaigre de cidre
- 2 c. à soupe d'huile d'olive vierge extra
- 30 g (1/4 de tasse) de canneberges séchées
- 1 botte de noir de Toscane, débarrassé des tiges et déchiré en bouchées
- 1 laitue beurre, déchirée en bouchées
- 1/2 bulbe de fenouil, sans le cœur et coupé en lamelles à la mandoline
- 2 branches de céleri, coupées en rondelles
- 1 petite pomme Gala, débarrassée de son trognon et tranchée
- 1 petite pomme Granny-Smith, débarrassée de son trognon et tranchée
- 75 g (1/4 de tasse) de noix, grillées
- Sel
- Poivre noir fraîchement moulu

PRÉPARATION

Dans un petit bol, mélangez au fouet le jus de citron, le vinaigre, le sel et le poivre. Incorporez l'huile en fouettant jusqu'à obtenir une émulsion, puis ajoutez les canneberges séchées. Réservez.

Placez le chou kale dans un large bol, arrosez de 1,5 cl (1 c. à soupe) de vinaigrette, et massez délicatement les feuilles pendant environ 1 minute pour les attendrir. Ajoutez la laitue, le fenouil, le céleri et les pommes. Incorporez le reste de la vinaigrette ainsi que les canneberges. Parsemez de noix grillées, salez et poivrez. Servez dans des bols.

PRÉPARATION	CUISSON	POUR	SMARTPOINTS	CALORIES
15 MINUTES	AUCUNE	4 PERSONNES	5 PAR PORTION	201 PAR PORTION

Avec ses pommes et ses canneberges, cette salade constitue une bonne entrée en matière pour les mangeurs difficiles !

On utilise du sel de mer fin, car il se dissout facilement dans le jus de citron.

LÉGUMES VERTS DU JARDIN À LA VINAIGRETTE CITRONNÉE

Le fenouil, surtout coupé très fin à la mandoline, ajoute une touche très agréable à la plus simple des salades. Ce légume est aussi une merveille cuit au four en accompagnement, arrosé d'huile, salé et poivré.

INGRÉDIENTS

Vinaigrette citronnée

1 c. à soupe de jus de citron frais

1 gousse d'ail, râpée au zesteur-râpe

1 c. à soupe huile d'olive vierge extra

¼ de c. à thé de sel de mer fin

¼ de c. à thé poivre noir fraîchement moulu

Salade

500 g de laitue du jardin, coupée en bouchées

½ bulbe de fenouil, coupé en fines lamelles à la mandoline ou tranché finement au point d'être transparent

300 g (1 tasse) de tomates cerises, coupées en deux

20 g (½ tasse) de feuilles de persil frais

50 g (1 tasse) de carotte, découpée en julienne

50 g (1 tasse) de céleri, tranché finement (en biseau)

PRÉPARATION

Pour la salade : Mélangez tous les ingrédients dans un saladier. Ajoutez la vinaigrette et mélangez pour bien en imprégner le tout.

Pour la vinaigrette : Dans un petit bol, mélangez au fouet le jus de citron, l'ail, le sel et le poivre. Incorporez l'huile en fouettant jusqu'à obtenir une émulsion.

Note : Cette vinaigrette permet toutes sortes de mariages et nous l'utilisons souvent comme base en laissant le jardin décider de la salade du jour.

Variétés de salades : mâche, 'Little Gem', romaine, roquette, langue de cerf, frisée, endive, endive rouge, mizuna, jeunes fanes de betteraves, cresson, etc.

Aromatiques : persil plat, persil frisé, ciboulette, fleurs de ciboulette, fleurs de bourrache, coriandre, fleurs de coriandre, cerfeuil, menthe, basilic, basilic pourpre, basilic thaïlandais, etc.

Légumes : tomate, tomate cerise, tomate ancienne, poivron, piment jalapeño, céleri, jicama, carotte, betterave, fenouil, maïs, petits pois, haricot vert, etc.

Fruits : pomme Granny-Smith, pomme Gala, pêche, abricot, raisin, datte, orange, mandarine, citron Meyer, citron vert, etc.

Fruits à coque : noix, noisette, noix de pécan, pistache, amande, amande Marcona, pignon, etc.

PRÉPARATION	CUISSON	POUR	SMARTPOINTS	CALORIES
10 MINUTES	AUCUNE	4 PERSONNES	1 PAR PORTION	79 PAR PORTION

SALADE DE LAITUE BEURRE À LA VINAIGRETTE AU BLEU FUMÉ

Voici une salade qui apporte une touche crémeuse de bleu pour seulement deux points par portion. Une preuve de plus que plaisir ne rime pas forcément avec calories.

INGRÉDIENTS

Vinaigrette au bleu fumé

6 cl (1/4 de tasse) de vinaigre de vin blanc

2 c. à soupe de jus de citron frais

1 c. à soupe d'échalotes, émincées

1 gousse d'ail, râpée au zesteur-râpe

3 cl (2 c. à soupe) d'eau

6 cl (1/4 de tasse) d'huile d'olive fumée

50 g (1/4 de tasse) de fromage bleu fumé

1 c. à thé de sel de mer fin

1/2 c. à thé de poivre noir fraîchement concassé

Salade

2 laitues beurre

300 g (1 tasse) de tomates cerises, coupées en deux

1 avocat mûr de taille moyenne, coupé en deux, dénoyauté, la chair extraite de l'écorce et coupée en morceaux

2 concombres libanais, pelés et coupés en rondelles

1 c. à soupe d'oignon rouge coupé en petits dés

8 g (1/4 de tasse) de feuilles de persil frais

8 g (1/4 de tasse) de petites feuilles intérieures de basilic frais

Sel marin et poivre noir fraîchement moulu

PRÉPARATION

Pour la vinaigrette : Dans un petit bol, mélangez au fouet le vinaigre, le jus de citron, les échalotes, l'ail, le sel, le poivre et l'eau. Incorporez l'huile en fouettant jusqu'à obtenir une émulsion, puis ajoutez le fromage.

Pour la salade : Séparez les feuilles de laitue et lavez-les à l'eau froide. Séchez-les dans une essoreuse à salade. Déchirez les feuilles en morceaux de 5 cm. Placez-les sur un torchon et réservez-les au réfrigérateur jusqu'au dernier moment. Mettez les tomates cerises dans un saladier et ajoutez l'avocat, les concombres et l'oignon rouge. Mélangez avec 1,5 cl (1 c. à soupe) de vinaigrette et laissez mariner de 10 à 30 minutes.

Sortez les feuilles de laitue du réfrigérateur. Remuez-les dans 3 cl (2 c. à soupe) de vinaigrette. Goûtez une feuille pour vérifier son assaisonnement ; ajoutez du sel et/ou du poivre si nécessaire. Répartissez les feuilles dans 6 assiettes et garnissez du mélange à la tomate cerise en ajoutant éventuellement de la vinaigrette. Parsemez de persil et de basilic.

PRÉPARATION	CUISSON	POUR	SMARTPOINTS	CALORIES
15 MINUTES	AUCUNE	6 PERSONNES	2 PAR PORTION	78 PAR PORTION

Parce qu'elle est délicate et tendre, la laitue beurre est la salade que j'aime le plus. Eh oui, certains préfèrent la glace au chocolat à celle à la vanille ; moi, j'ai réellement une salade favorite !

Cette recette est une façon merveilleuse de commencer un repas. Elle devient aussi, quand on ajoute des crevettes grillées, un plat principal léger et délicieux.

CŒURS DE ROMAINE ET CHAMPIGNONS CHAUDS À LA VINAIGRETTE À LA TRUFFE

Qui a dit qu'une salade devait forcément être froide ? Faire griller les cœurs de romaine apporte une saveur fumée délicieuse qui se marie parfaitement à la vinaigrette.

INGRÉDIENTS

Vinaigrette à la truffe

Zeste et jus de 2 citrons

2 c. à thé de moutarde de Dijon

2 gousses d'ail, râpées au zesteur-râpe

2 c. à soupe d'huile à la truffe blanche

2 c. à thé de Sabatino Truffle Zest®

1 c. à thé de sel à la truffe Sabatino®

12,5 cl (1/2 tasse) huile d'olive vierge extra

Salade

1 c. à soupe d'huile de pépins de raisin

450 g de champignons creminis ou blancs, sans les pieds et découpés

1 branche de romarin frais

1 échalote, émincée

10 g (1/4 de tasse) de persil plat frais, ciselé

2 c. à soupe de ciboulette fraîche, ciselée

3 cœurs de laitue romaine

20 g (1/4 de tasse) de copeaux de pecorino romano

2 c. à soupe de pignons, grillés

1 c. à thé de sel de mer

Poivre noir fraîchement concassé

PRÉPARATION

Pour la vinaigrette : Dans un bol de taille moyenne, mélangez au fouet le zeste et le jus de citron, la moutarde, l'ail râpé, l'huile, le sel à la truffe et le Truffle Zest®. Incorporez lentement l'huile d'olive en fouettant, jusqu'à obtenir une émulsion.

Pour la salade : Chauffez l'huile à feu moyen-vif dans une grande poêle. Ajoutez les champignons, le romarin et le sel. Laissez cuire pendant 5 minutes, jusqu'à ce que les champignons commencent à s'attendrir, puis ajoutez les échalotes en remuant souvent et attendez que les champignons caramélisent et deviennent un peu croustillants, soit 10 minutes environ. Les champignons vont perdre de l'eau puis la réabsorber et commencer à brunir et à devenir croustillants. Retirez du feu, enlevez la branche de romarin et incorporez le persil et la ciboulette.

Coupez les cœurs de romaine côté racine, puis en deux dans le sens de la longueur, et placez-les dans des assiettes, côté coupe vers le haut. Recouvrez-les de champignons et arrosez le tout de 1,5 cl (1 c. à soupe) de vinaigrette. Saupoudrez de fromage, d'un peu de poivre noir et de pignons.

PRÉPARATION	CUISSON	POUR	SMARTPOINTS	CALORIES
10 MINUTES	15 MINUTES	6 PERSONNES	5 PAR PORTION	196 PAR PORTION

SALADE DE TOMATES ET CONCOMBRE

Cette salade est toujours délicieuse, mais elle est particulièrement rafraîchissante associée aux saveurs épicées de la cuisine indienne.

INGRÉDIENTS	PRÉPARATION
3 concombres, pelés, épépinés et coupés en morceaux 600 g (2 tasses) de tomates raisin, coupées en deux ¼ d'oignon rouge de taille moyenne, émincé 6 cl (¼ de tasse) de yaourt grec nature allégé 1 c. à soupe d'huile d'olive vierge extra Zeste et jus d'1 citron vert 1 c. à thé de coriandre moulue 3 c. à soupe de feuilles de menthe fraîche, coupées en julienne 3 c. à soupe de feuilles de basilic frais, coupées en julienne 1 c. à thé de sel marin 1 c. à thé de poivre noir fraîchement moulu	Mettez le concombre, les tomates et l'oignon dans un saladier. Dans un petit bol, mélangez au fouet le yaourt, l'huile, le zeste et le jus de citron vert, la coriandre, le sel et le poivre. Versez sur les légumes et remuez pour bien imprégner ceux-ci. Ajoutez la menthe et le basilic. Remuez à nouveau et servez.

PRÉPARATION	CUISSON	POUR	SMARTPOINTS	CALORIES
15 MINUTES	AUCUNE	6 PERSONNES	1 PAR PORTION	70 PAR PORTION

Ce plat accompagne très bien le cari indien à la citrouille de la page 119.

SALADE D'ARTICHAUTS ET VINAIGRETTE AU CITRON AILLÉE

Cette salade est née de la quête sans relâche que je mène pour trouver des façons de consommer tous les artichauts que nous faisons pousser. Ce légume m'a toujours paru très sexy ; peut-être parce qu'il faut retirer les feuilles une par une avant d'arriver au cœur du sujet. Il y a du bon dans cette salade qui fait l'impasse sur le coriace pour passer directement à la partie tendre.

INGRÉDIENTS

Artichauts et marinade

4 gros artichauts

25 cl (1 tasse) de vin blanc

1 c. à soupe d'huile d'olive vierge extra, aromatisée au citron

2 gousses d'ail, pelées et écrasées

2 feuilles de laurier

1 c. à thé de sel

Vinaigrette

Jus d'1 citron

1 gousse d'ail, émincée

1 c. à soupe d'huile d'olive vierge extra, aromatisée au citron

¼ de c. à thé de sel marin fin

¼ de c. à thé de poivre noir concassé

Salade

50 g de feuilles de bébé roquette

50 g de mesclun

15 g de feuilles de coriandre, fraîchement coupées

12 petites feuilles de basilic

5 g de copeaux de parmesan râpés à l'économe

1 poignée de micropousses de moutarde

PRÉPARATION

Coupez les cœurs et les fonds d'artichaut en deux, puis en tranches de 5 mm d'épaisseur.

Dans une casserole de taille moyenne, portez à ébullition, à feu moyen-vif, le vin, l'huile, l'ail écrasé, les feuilles de laurier et le sel. Ajoutez les artichauts, refaites frémir, puis baissez le feu. Poursuivez la cuisson de 2 à 5 minutes, jusqu'à ce qu'ils soient tendres. Retirez l'ail du bouillon, laissez refroidir à température ambiante, puis couvrez et réservez la préparation au réfrigérateur pendant 1 heure.

Pendant que les artichauts sont au frais, préparez la vinaigrette : Dans un petit bol, mélangez au fouet le jus de citron, l'ail, le sel et le poivre. Ajoutez l'huile et fouettez jusqu'à obtenir une émulsion.

Pour composer la salade : Sortez les artichauts de leur eau de cuisson, transférez-les dans un saladier et jetez le bouillon. Ajoutez la roquette, le mesclun, la coriandre et le basilic, mélangez, puis assaisonnez avec la vinaigrette et remuez pour bien imprégner le tout. Servez dans des bols, garnis de parmesan et de micropousses.

PRÉPARATION	CUISSON	POUR	SMARTPOINTS	CALORIES
20 MINUTES (PLUS 1 HEURE DE RÉFRIGÉRATION)	20 MINUTES	4 PERSONNES	4 PAR PORTION	211 PAR PORTION

Portez des gants pour nettoyer ou peler les betteraves, vous garderez les mains propres. Si vous les avez salies, frottez-les avec du citron pour enlever les taches.

SALADE DE MÂCHE ET DE BETTERAVES GLACÉES AUX AGRUMES ET AU RAIFORT

Ce plat associe de nombreuses saveurs différentes qui ensemble créent quelque chose de magique ! Ne manquez pas d'utiliser les fanes de betteraves riches en nutriments, soit coupées en salade, soit en accompagnement cuites à la vapeur, exactement comme des épinards ou des bettes à carde.

INGRÉDIENTS

12 petites betteraves, brossées mais pas épluchées

4 branches de thym frais

1 branche de romarin frais

1 c. à thé d'huile d'olive vierge extra

1 c. à soupe de gros sel de mer

Vinaigrette

25 cl (1 tasse) de jus d'orange

3 c. à soupe de vinaigre de cidre

5 g de beurre doux

¼ de c. à thé de cardamome moulue

10 g de raifort frais ou en bouteille, de bonne qualité, ou plus à votre convenance

Sel

Salade

50 g de mâche

25 g de mesclun, déchiré en bouchées

1 c. à thé d'huile d'olive vierge extra, aromatisée au citron

10 g de fromage de chèvre à pâte molle, à température ambiante

30 g de pistaches décortiquées

Sel et poivre noir fraîchement moulu

PRÉPARATION

Préchauffez le four à 190 °C (375 °F). Mélangez dans un grand bol les betteraves, le sel, le thym, le romarin et l'huile. Déposez les betteraves sur une plaque de cuisson recouverte de papier aluminium. Si elles sont de couleurs différentes, faites-les cuire séparément. Repliez les bords de l'aluminium pour obtenir une papillote étanche (faites-en deux si les betteraves sont de couleurs différentes). Enfournez les betteraves pour 45 minutes environ, jusqu'à ce qu'elles soient tendres lorsque vous les piquez avec un couteau.

Laissez les légumes reposer de 10 à 15 minutes pendant que vous préparez le glaçage. Dans une petite poêle, mélangez le jus d'orange, le vinaigre, le beurre et la cardamome. Laissez cuire de 10 à 15 minutes sur feu moyen-vif, le temps que le tout ait réduit pour prendre la consistance d'un glaçage. Salez.

Sortez les betteraves du papier aluminium, puis épluchez-les. Coupez-les en deux, mettez-les dans un bol et mélangez pour bien les enrober du glaçage. Incorporez le raifort.

Pour la salade : dans un grand bol, mêlez la mâche et le mesclun. Mélangez avec l'huile, salez et poivrez. Incorporez le chèvre émietté et parsemez de pistaches. Disposez les betteraves sur la salade.

PRÉPARATION	CUISSON	POUR	SMARTPOINTS	CALORIES
20 MINUTES	45 MINUTES	4 PERSONNES	5 PAR PORTION	240 PAR PORTION

TOMBÉE D'ÉPINARDS AU PANEER

Le paneer est un fromage que l'on retrouve dans la cuisine indienne, afghane, pakistanaise et bangladaise. Il ne nécessite aucune maturation et est donc vraiment facile à faire soi-même !

INGRÉDIENTS

- Huile d'olive vierge extra en spray
- 1 oignon jaune de taille moyenne, émincé
- 1 piment jalapeño, émincé
- 10 g de gingembre frais, émincé
- 10 g d'ail frais, émincé
- 1 c. à thé de curcuma frais, émincé
- ½ c. à thé de curry en poudre
- 1 c. à thé de coriandre moulue
- ½ c. à thé de piment de Cayenne moulu
- 900 g de feuilles d'épinards frais
- 120 g de paneer, coupé en cubes d'1 cm
- Zeste et jus d'1 citron
- 15 g de coriandre fraîche, ciselée
- 1 c. à thé de sel, plus au besoin
- Poivre noir fraîchement moulu

PRÉPARATION

Chauffez une très grande poêle à feu moyen-vif. Vaporisez-la d'huile d'olive, puis faites-y revenir l'oignon et le jalapeño pendant 3 minutes en remuant, jusqu'à ce qu'ils commencent à s'attendrir. Ajoutez le gingembre, l'ail et le curcuma et faites-les cuire à couvert 1 minute, jusqu'à ce que les arômes se libèrent. Versez un tout petit peu d'eau si le mélange attache. Saupoudrez de curry en poudre, de coriandre et de piment de Cayenne et poursuivez la cuisson 1 minute en remuant. Mettez environ un quart des épinards et cuisez-les en remuant avec des pinces jusqu'à ce qu'ils soient presque entièrement tombés. Incorporez le reste des épinards petit à petit en remuant, jusqu'à ce que tout soit cuit. Intégrez le paneer avec le sel et laissez sur le feu jusqu'à ce qu'il soit chaud à l'intérieur. Retirez du feu et ajoutez le zeste et le jus de citron tout en remuant. Goûtez et resalez au besoin. Transférez dans un bol, saupoudrez d'un peu de poivre noir et de coriandre, et servez.

PRÉPARATION	CUISSON	POUR	SMARTPOINTS	CALORIES
15 MINUTES	10 MINUTES	4 PERSONNES	4 PAR PORTION	143 PAR PORTION

J'ai toujours un morceau de gingembre frais à la maison ! Faites-en une infusion, et vous avez l'un de ces remèdes à l'ancienne qui soulagent tout, de l'estomac dérangé à la rhinite.

SALADE CONFETTI

En faisant blanchir les légumes les plus durs jusqu'à ce qu'ils soient al dente, on leur donne la même consistance que celle des autres légumes du plat. Si on ne les plonge pas dans un bain glacé ensuite, ils continuent à cuire même si on les a retirés du feu.

INGRÉDIENTS

Vinaigrette au vin rouge

6 cl (¼ de tasse) de vinaigre de vin rouge

2 c. à soupe de jus de citron frais

1 petite gousse d'ail, émincée

1 c. à soupe de moutarde de Dijon

½ tasse d'huile d'olive vierge extra

½ c. à thé de sel, ou au goût

¼ c. à thé de poivre noir fraîchement moulu, ou à votre convenance

Salade

75 g de haricots verts, coupés en morceaux d'1 cm

1 carotte moyenne, coupée en dés

100 g de grains de maïs frais

50 g d'oignon rouge, coupé en dés

½ poivron rouge, épépiné et coupé en dés

2 branches de céleri moyennes, coupées en dés

1 petite tomate, épépinée et coupée en dés

150 g de romaine ou de gem miniature, coupée en morceaux d'environ 1 cm

1 petit avocat mûr, coupé en deux, dénoyauté, la chair coupée en dés

5 g de ciboulette, finement ciselée

20 g de parmesan, râpé

Sel

Poivre noir fraîchement moulu

PRÉPARATION

Pour la vinaigrette : Dans un petit bol, mélangez au fouet le vinaigre, le jus de citron, l'ail, la moutarde, le sel et le poivre, puis incorporez lentement l'huile en fouettant jusqu'à obtenir une émulsion. Goûtez et rectifiez l'assaisonnement au besoin. Fouettez une dernière fois avant de verser la vinaigrette dans la salade.

Pour la salade : Faites un bain d'eau glacée en remplissant un grand bol d'eau et de glace. Portez une casserole d'eau salée de taille moyenne à ébullition. Faites-y cuire les haricots verts 2 minutes environ pour les attendrir un peu. Ajoutez la carotte et le maïs et poursuivez la cuisson 1 à 2 minutes, le temps que tous les légumes soient tendres, mais encore croquants. Égouttez-les et transférez-les immédiatement dans l'eau glacée pour les faire refroidir. Égouttez-les à nouveau et séchez-les avec de l'essuie-tout.

Transférez les légumes blanchis dans un saladier. Ajoutez l'oignon, le poivron, le céleri et la tomate, mélangez avec 6 cl (¼ de tasse) de vinaigrette, et laissez mariner 10 minutes environ. Intégrez la laitue, l'avocat, la ciboulette et le parmesan, salez et poivrez. Servez dans des bols.

Adaptez cette salade en utilisant n'importe quel légume frais de saison.

PRÉPARATION	CUISSON	POUR	SMARTPOINTS	CALORIES
30 MINUTES	5 MINUTES	4 PERSONNES	5 PAR PORTION	177 PAR PORTION

SALADE CÉSAR À L'AIL RÔTI

Je sers habituellement cette salade au déjeuner pour accompagner une cuisse de poulet croustillante. Si vous décidez de ne pas mettre du tout de croûtons, la salade ne représente qu'un point. J'évite donc généralement d'en ajouter. Comme d'habitude, à vous de décider.

INGRÉDIENTS

Vinaigrette César à l'ail rôti

1 tête d'ail de taille moyenne
Huile d'olive vierge extra en spray
10 g de câpres égouttées
1 gousse d'ail crue
1 c. à soupe de jus de citron vert frais
10 g de pâte d'anchois
2 c. à thé de moutarde de Dijon
2 c. à soupe de mayonnaise allégée
10 g de parmesan râpé
¼ de c. à thé de flocons de piment rouge
6 cl (¼ de tasse) de vinaigre de vin rouge
10 cl (⅓ de tasse) d'huile d'olive vierge extra
Sel marin et poivre noir fraîchement concassé, à votre convenance

Salade

1 salade romaine, coupée ou déchirée en morceaux
1 branche de céleri jaune
20 g de parmesan râpé

PRÉPARATION

Pour la vinaigrette : Préchauffez le four à 200 °C (400 °F). Coupez le bulbe d'ail à 5 mm du sommet. Placez-le sur un morceau d'aluminium suffisamment grand pour le recouvrir. Vaporisez l'ail d'huile d'olive et salez-le. Formez une papillote avec l'aluminium en repliant les coins autour de la tête d'ail. Enfournez celle-ci et faites-la rôtir jusqu'à ce que les gousses soient brun doré et tendres, au bout de 35 à 40 minutes. Sortez l'ail du four et quand il a suffisamment refroidi pour être manipulé, pressez-le pour extraire les gousses crémeuses.

Mettez tous les ingrédients restants, sauf l'huile, dans un blender et mélangez. Versez lentement l'huile par le trou du couvercle jusqu'à ce qu'il n'en reste plus et que vous obteniez une émulsion.

Pour la salade : Mettez la salade avec le céleri et le parmesan dans un saladier. Mélangez bien avec 6 cl (¼ de tasse) de vinaigrette et servez.

PRÉPARATION	CUISSON	POUR	SMARTPOINTS	CALORIES
10 MINUTES	35-40 MINUTES	4 PERSONNES	1 PAR PORTION	88 PAR PORTION

Si vous avez envie d'ajouter d'autres légumes à cette salade César, tomates séchées et lamelles de fenouil constituent de bonnes options.

SALADE DE FARRO DU CHARLIE BIRD

RECETTE DU CHEF RYAN HARDY

Le farro cuit à l'eau ne m'a jamais vraiment emballée, mais quand vous y ajoutez du vinaigre de cidre, du sel et du laurier, ça n'est plus du tout la même chose ! Assurez-vous simplement que le farro soit « perlé », car cela a une incidence sur le temps de cuisson.

INGRÉDIENTS

- 25 cl (1 tasse) de vinaigre de cidre
- 50 cl (2 tasses) d'eau
- 1 feuille de laurier
- 180 g de farro perlé
- 2 c. à soupe huile d'olive vierge extra
- 2 c. à soupe de jus de citron frais
- 50 g de copeaux de parmesan coupés à l'aide d'un économe
- 50 g de pistaches, hachées finement
- 40 g de feuilles de roquette
- 25 g de feuilles de persil plat frais ou de basilic frais, déchirées
- 25 g de feuilles de menthe fraîche
- 120 g de tomates cerises, coupées en deux
- 30 g de radis, tranchés finement
- Sel de mer

PRÉPARATION

Dans une casserole de taille moyenne, portez à frémissement, à feu vif, le vinaigre de cidre, 2 tasses d'eau, 1 c. à thé de sel de mer fin et la feuille de laurier. Ajoutez le farro, refaites frémir, puis laissez mijoter à feu moyen environ 30 minutes, jusqu'à ce que le farro soit tendre (le centre doit rester ferme). Égouttez le farro et laissez-le refroidir dans une assiette.

Mettez le farro dans un saladier. Ajoutez l'huile, le jus de citron et une pincée de sel de mer fin, et tournez pour bien imprégner le tout. Incorporez le parmesan et les pistaches et mélangez bien. Cette base pour la salade peut se garder jusqu'à 4 heures à température ambiante ou une nuit au réfrigérateur (laissez-la remonter à température ambiante avant de servir).

Juste avant de servir, incorporez la roquette, le persil, la menthe, les tomates et les radis. Salez et servez dans des bols.

PRÉPARATION	CUISSON	POUR	SMARTPOINTS	CALORIES
15 MINUTES	30 MINUTES	6 PERSONNES	8 PAR PORTION	281 PAR PORTION

Pour une version plus automnale de cette salade, remplacez les tomates par de la courge, de la citrouille ou de la patate douce cuite et coupée en dés !

SALADE CROQUANTE ET SA VINAIGRETTE DE CITRON VERT AU CURRY

Par où commencer ? S'il existe une façon plus délicieuse de manger des légumes, je ne suis pas encore tombée dessus. Ce plat est un kaléidoscope de couleurs et un mélange de textures très sophistiqué – mais que les enfants adorent !

INGRÉDIENTS

Vinaigrette

6 cl (1/4 de tasse) de vinaigre de cidre

2 c. à thé de miel

1 gousse d'ail, râpée au zesteur-râpe

1 morceau de gingembre de 2,5 cm, râpé au zesteur-râpe

Zeste et jus de 2 citrons verts

1 c. à thé de curry en poudre

3 c. à soupe d'huile de pépins de raisin

1 c. à thé de sel

Salade

100 g de bouquets de chou-fleur, émincés

100 g de bouquets de brocoli, émincés

150 g de pois gourmands, émincés

120 g de choux de Bruxelles, coupés en lamelles

50 g de chou rouge, coupé en lamelles

25 g de carottes, coupées en julienne

6 abricots secs, finement coupés

25 g d'oignons verts, émincés

40 g de mélange d'herbes hachées, par exemple basilic, ciboulette, coriandre et menthe

30 g de graines de tournesol

30 g d'amandes Marcona, hachées

PRÉPARATION

Pour la vinaigrette : Dans un bol, mélangez au fouet le vinaigre, le miel, l'ail, le gingembre, le zeste et le jus de citron vert, la poudre de curry et le sel. Tout en fouettant, incorporez lentement l'huile jusqu'à obtenir une émulsion.

Pour la salade : Dans un saladier, mélangez le chou-fleur, le brocoli, les pois gourmands, les choux de Bruxelles, le chou, les carottes et les abricots. Versez la vinaigrette sur la salade, mélangez bien et laissez mariner pendant 10 minutes. Ajoutez les oignons verts, les herbes, les graines de tournesol, et les amandes. Servez dans des bols.

PRÉPARATION	CUISSON	POUR	SMARTPOINTS	CALORIES
15 MINUTES	AUCUNE	6 PERSONNES	5 PAR PORTION	181 PAR PORTION

Les amandes espagnoles Marcona sont moins longues, plus rondes, plus tendres et plus douces que celles de Californie (en photo). Bien qu'elles ne soient guère pauvres en calories, quelques-unes suffisent à donner un bon coup de fouet !

Le quinoa, une céréale vieille de 7 000 ans, est si fade qu'il prend le goût de ce avec quoi on le cuit. N'ayez pas peur d'expérimenter. Parfois, je le fais cuire dans du bouillon de légumes ou de poulet. Il offre par ailleurs une bonne alternative au porridge si on le fait griller avant de le cuire avec de la cannelle et des pommes.

SALADE DE QUINOA

Le quinoa est tellement bourré de nutriments et sa culture si peu coûteuse que, selon les Nations unies, il pourrait permettre d'éradiquer la faim dans le monde ! Cette excellente source de fibres ne contient pas de gluten et est riche en protéines.

INGRÉDIENTS

Vinaigrette au cidre

25 cl (1 tasse) de jus de pomme

10 g d'échalote, émincée

1 c. à soupe de feuilles de thym fraîches

1 c. à soupe de moutarde de Dijon

6 cl (1/4 de tasse) de vinaigre de cidre

6 cl (1/4 de tasse) d'huile d'olive vierge extra

30 g de pomme Granny-Smith, coupée en petits dés

1 c. à thé de sel de mer fin

1/4 de c. à thé de poivre noir fraîchement moulu

Salade

200 g de quinoa

1 carotte de taille moyenne, coupée en cubes de 5 mm

1/2 oignon jaune de taille moyenne, émincé

100 g de jicama, coupé en cubes de 5 mm

1/2 c. à thé de romarin frais, finement ciselé

1/4 de c. à thé de sauge séchée

100 g de feuilles de chou noir de Toscane, grossièrement hachées (environ la moitié d'une petite botte)

40 g de noisettes, grillées et écrasées

30 g de canneberges, séchées et grossièrement coupées

Sel de mer fin

PRÉPARATION

Pour la vinaigrette : Dans une petite casserole, portez à ébullition, à feu moyen-vif, le jus de pomme, l'échalote et le thym, puis faites bouillir 10 minutes, jusqu'à ce que le mélange ait réduit de moitié. Versez dans un bol et laissez refroidir à température ambiante. Avec un fouet, incorporez la moutarde, le vinaigre, puis, lentement, l'huile, jusqu'à obtenir une émulsion. Intégrez la pomme, le sel et le poivre.

Pour la salade : Préchauffez le four à 180 °C (350 °F). Enfournez le quinoa sur une plaque de cuisson pour 10 minutes, jusqu'à ce qu'une bonne odeur s'en dégage et qu'il soit doré. Mélangez une ou deux fois au cours de la cuisson.

Pendant ce temps, faites un bain d'eau glacée en remplissant un grand bol de glace et d'eau. Portez à ébullition une grande casserole d'eau salée à feu vif. Faites-y blanchir la carotte et l'oignon de 2 à 3 minutes pour qu'ils soient tendres, mais encore croquants. Sortez-les à l'aide d'une écumoire et plongez-les brièvement dans le bain d'eau glacée pour arrêter la cuisson. Transférez-les dans une assiette et séchez-les en les tamponnant avec de l'essuie-tout.

Refaites bouillir l'eau, faites-y cuire le quinoa 10 minutes, jusqu'à ce que les germes se déploient en une toute petite spirale. Égouttez-le dans un égouttoir à mailles fines et rincez-le brièvement à l'eau froide. Transférez-le dans un bol de service, ajoutez les légumes blanchis, le jicama, le romarin et la sauge, et mélangez avec 6 cl (1/4 de tasse) de vinaigrette (conservez le reste pour une autre salade). Intégrez le chou noir et mélangez bien pour que tout s'imprègne de la vinaigrette. Ajoutez les noisettes et les canneberges. Goûtez et rectifiez l'assaisonnement au besoin. Servez dans des bols.

PRÉPARATION	CUISSON	POUR	SMARTPOINTS	CALORIES
15 MINUTES	20 MINUTES	6 PERSONNES	6 PAR PORTION	206 PAR PORTION

ASPERGES GRILLÉES ET VINAIGRETTE MIMOSA

Voici un plat délicieux pour Pâques, à servir en salade ou en accompagnement – les asperges semblent toujours annoncer l'arrivée du printemps.

INGRÉDIENTS

Vinaigrette mimosa

1 gros œuf

10 g de pâte d'anchois

Zeste et jus d'1 citron

¼ de c. à thé de flocons de piment rouge

6 cl (¼ de tasse) d'huile d'olive vierge extra, aromatisée au citron

60 g de feuilles de persil frais, ciselées

15 g de feuilles de basilic frais, coupées en lanières

3 oignons verts de taille moyenne, les parties blanches et vertes, coupés en rondelles

10 g d'échalote, émincée

10 g de câpres égouttées

½ c. à thé de sel marin fin

½ c. à thé de poivre noir fraîchement moulu

Asperges

2 bottes d'asperges de taille moyenne, débarrassées de leur partie ligneuse

Huile d'olive vierge extra en spray

Sel et poivre noir fraîchement moulu

PRÉPARATION

Pour la vinaigrette : Immergez totalement l'œuf dans une petite casserole. Faites chauffer l'eau à feu vif jusqu'à ce qu'elle bout à gros bouillons. Couvrez, puis éteignez le feu et attendez 10 minutes. Jetez l'eau, passez l'œuf sous l'eau froide pour le refroidir, et écalez-le. Séparez le jaune du blanc. Écrasez-les séparément à travers une passoire tamis (si vous n'avez pas ce type de passoire, émiettez le jaune et hachez le blanc) et réservez.

Dans un bol de taille moyenne, mélangez au fouet la pâte d'anchois, le zeste et le jus de citron, le sel, le poivre, les flocons de piment rouge et l'huile. Ajoutez l'œuf, le persil, le basilic, l'oignon vert, l'échalote et les câpres. Mélangez.

Pour les asperges : Allumez un barbecue à gaz ou à bois à feu moyen-vif, ou faites chauffer une poêle striée à feu moyen-vif. Vaporisez légèrement les asperges d'huile d'olive, et saupoudrez-les d'un peu de sel et de poivre. Mettez les asperges sur le barbecue ou dans la poêle 10 minutes, en les tournant de temps en temps à l'aide de pinces, jusqu'à ce qu'elles commencent à s'attendrir et à noircir aux extrémités. Transférez-les sur une grille pour les faire refroidir. Répartissez dans des assiettes et servez en arrosant les pointes de vinaigrette.

Voyez la vinaigrette Mimosa comme une façon peu calorique et délicieuse d'ajouter des protéines.

PRÉPARATION	CUISSON	POUR	SMARTPOINTS	CALORIES
15 MINUTES	10 MINUTES	6 PERSONNES	3 PAR PORTION	122 PAR PORTION

UN GUIDE DE MES GADGETS PRÉFÉRÉS

Un peu de fraîcheur

Par chance, je n'ai jamais aimé le sucre plus que ça – mais de temps en temps, j'ai envie de quelque chose de frais et de gourmand. Pour celles et ceux qui adorent les desserts mais qui comptent les points, la sorbetière est indispensable. Pour moi, elle est tout en haut de la liste des basiques de la cuisine avec la fourchette et le torchon.

Press'tidigitation

La presse à panini est mon gadget culinaire numéro 1, parce qu'elle a changé ce qu'un sandwich pouvait devenir. Il y a quelque chose que je prépare pour Stedman que j'appelle le Sandwich d'Amour ; c'est de la dinde, du fromage Pepper jack, de l'avocat, de la tomate et un petit peu d'oignon – cru, il est déjà très bon. Quand vous le passez à l'appareil à panini, ces strates de saveurs se mélangent et alors vous avez du chaud, du coulant, du grillé, du fromage, du fondant. Croyez-moi, le mot amour est bien faible pour donner une idée de ce que c'est !

Tout en finesse

L'inconvénient avec les mandolines japonaises, c'est qu'elles sont très coupantes et que si vous ne faites pas extrêmement attention, vous pouvez vous retrouver avec un doigt qui semble sorti tout droit d'un film de Quentin Tarantino. L'avantage, c'est que vous pouvez faire des lamelles de légumes fines comme du papier à cigarette, transformer une tranche de courgette ou d'asperge en tagliatelle et une pomme de terre en chips parfaite.

Mesure pour mesure

Avec suffisamment de pratique, la différence entre deux cuillères à thé et une cuillère à soupe devient question d'instinct, mais à moins d'être vraiment très précis, utiliser une cuillère-doseuse est un choix judicieux.

Rapetout

Vous voulez savoir à quoi ça ressemble 15 grammes de parmesan – soit seulement 2 points – passé au zesteur-râpe ? C'est une montagne de fromage légère comme une plume ! Avec cet ustensile, on râpe si fin et si léger qu'un rien suffit ! Il est aussi très utile avec les truffes, si vous voulez en saupoudrer un peu sur vos œufs ou vos pâtes.

Voici mes gadgets préférés. Ils sont en permanence sortis dans ma cuisine et je les utilise à longueur de semaine. Le conseil que je vous donne, c'est de vous demander honnêtement si vous travaillerez régulièrement avec ces outils, ou s'ils ont plus de chances de finir dans le placard des idées-qui-paraissaient-bonnes-sur-le-moment. Oh, et autre chose : c'est vrai que j'aime ces marques en particulier, mais les produits ci-dessous sont disponibles à tous les prix, alors à vous de dénicher la perle rare !

Pour les cinéphiles

J'aime cette machine à pop-corn parce qu'elle dispose d'un logement pour le beurre fondu : pratique quand on reçoit des invités qui ne comptent pas leurs points. Pour ceux qui trouvent le beurre fondu un peu lourd, je mets du jus de citron dans un vaporisateur et j'en imbibe le pop-corn cuit à l'air chaud. J'ajoute du Truffle Zest® et une pincée de sel à la truffe, parce qu'on n'a pas trouvé mieux que truffe et citron comme combinaison depuis le rythm and blues. Si je veux vraiment me faire plaisir, je râpe 30 grammes de parmesan sur le tout. Le beurre ne vous manquera pas, promis.

Transformisme

On dit que l'on goûte d'abord avec les yeux. Eh bien, le coupe-spirale transforme betteraves, carottes et autres panais en un délicat méli-mélo de couleurs et de textures pour salades et garnitures. Je l'utilise principalement pour faire d'une simple courgette un très vertueux bol de spaghetti. Et le mieux dans tout ça, c'est que vous n'avez besoin ni d'un diplôme en aérodynamique ni d'avoir travaillé trois ans à la chaîne chez Ford pour le démonter et le remonter pour le nettoyage.

À vos souhaits

Le mont Tellicherry, sur la côte de Malabar en Inde, est le lieu de provenance des grains de poivre « Tellicherry », les plus gros et les plus forts, dont je remplis mon moulin à poivre. Je suis dingue de ce moulin Atlas parce que son ergonomie convient à mon poignet, qu'il me permet de régler la mouture entre grosse, moyenne et fine, et que le mécanisme de coupe en acier trempé moud les grains de poivre au lieu de les écraser, ce qui sublime la saveur et l'arôme. Attention quand même : le poivre Tellicherry est extrêmement parfumé – mettez-en avec parcimonie ou préparez-vous à des éternuements comme on n'en voit que dans les dessins animés.

À vous de trancher

Un excellent couteau peut être ce qui distingue cuisine et corvée. C'est un investissement, mais que vous ne regretterez pas, car si vous en prenez soin – ne le mettez pas au lave-vaisselle et faites-le affûter de temps à autre –, vous le garderez toute votre vie.

Tout bien pesé

Quand on essaie de changer ses habitudes alimentaires, il est essentiel de comprendre le contrôle des portions. Au début, vous n'en reviendrez pas en voyant à quoi ressemblent 90 grammes de poisson, mais rapidement, la balance vous servira uniquement à confirmer l'intuition que vous aurez développée.

ÉPILOGUE

UNE NOUVELLE VOIE DANS MES PÉRÉGRINATIONS ALIMENTAIRES

Quand j'ai décidé d'écrire ce livre, il y a un certain temps, je me suis longuement regardée dans la glace. Je suis restée à fixer le miroir, immobile, nue, du sommet de ma tête avec sa queue-de-cheval aux pieds pleins d'oignons que je tiens de mon père. Assez vite, un petit mantra silencieux a émergé : Merci. Merci. Merci. J'ai pensé à tous les moments où j'ai tant critiqué, jugé ce corps qui m'a portée tout au long de ces presque soixante-trois années. Merci, ai-je dit. Merci de me permettre, comme les anciens disaient à l'église, de me lever vêtue du Saint-Esprit. Merci. Merci pour les épaules solides et les genoux qui fonctionnent encore. Merci. Merci de me permettre de marcher et de me tenir debout et de garder mes sens complètement en éveil. Et merci de me permettre de partager cette conscience durement acquise.

Je ne me retourne pas, je ne me presse pas. Le moment est le présent, l'endroit est ici.

Meister Eckhart, théologien et mystique né en 1260, a dit : « Si la seule prière que tu dis de toute ta vie est merci, cela suffira. » J'ai compris que j'ai la chance d'avoir ce qu'il faut pour commencer chaque jour. Que j'ai assez. Que je suis assez. L'instant où j'ouvre les yeux, ma première pensée est toujours la même : *Merci*. Ensuite, je peux rester 5 à 20 minutes dans le silence. Je m'imprègne de la quiétude qui m'entoure. Comme je l'ai dit, je prie et je médite, deux activités qui, à mon sens, ne font qu'une. Cette pratique m'accorde aux battements de mon cœur et m'apporte un sentiment d'ordre vital. Après cela, je suis prête pour sortir avec ma famille à fourrure, Luke, Laila, Sadie, Sunny et Lauren. Je ne sais pas si c'est la brise, l'odeur de l'herbe ou si c'est la perspective d'une nouvelle journée à batifoler, mais ils sont d'une insouciance totale – un autre motif de gratitude. Nous rentrons et j'emploie les 45 minutes suivantes à faire de l'exercice. Voilà mon rituel.

Pour ce qui est de l'alimentation, je prends un petit déjeuner, un déjeuner et un dîner et je m'autorise deux collations. Je compte mes points. Je fais de mon mieux pour rester en bonne santé – attentive à ce que je mange, à ce que je pense, à ce que je fais. Je me pèse régulièrement tout en me concentrant sur la vie au-delà de la balance. J'ai perdu une vingtaine de kilos depuis que j'ai commencé Weight Watchers® ; quand vous lirez ces lignes, ce sera peut-être 23, peut-être pas. Je n'ai plus de poids cible à atteindre à tout prix.

Aujourd'hui, j'ai un but qui a plus de sens : mettre fin à ma guerre contre les kilos sans ressentir de culpabilité ou de honte – sans entendre la voix du dénigrement qui siffle : « Tu as tout gâché ! » Je compte volontiers les points pour m'aider à recadrer mon comportement, à rediriger mes pensées et à perdre mes vieilles habitudes. Je me tiens pour responsable, mais sans me faire de reproches. Je sors de mon histoire personnelle par le haut, en allant vers la lumière de la connaissance de soi, de l'acceptation et de l'amour. J'avance en meilleure santé, et avec un bonheur si profond et si gratifiant que je le désigne d'un nouveau mot que j'aime particulièrement : contentement. Le temps de la réconciliation est venu dans ma relation à l'alimentation. Et je vous souhaite de vivre la même chose.

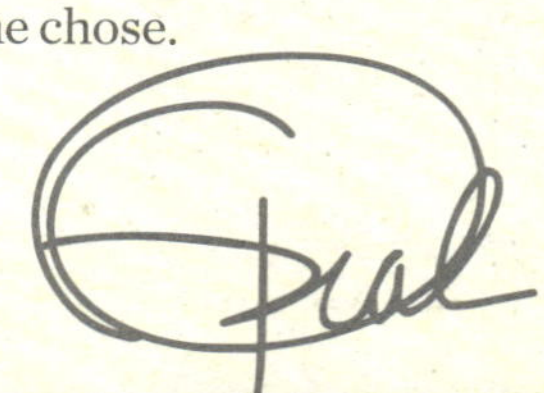

« L'AMOUR DE SOI EST UNE QUÊTE
QUI NE FINIT JAMAIS. »
– OPRAH WINFREY

À PROPOS DES SmartPoints WEIGHT WATCHERS®

Comme je l'ai dit, je considère les SmartPoints Weight Watchers® presque comme un jeu. Chaque aliment se voit attribuer une valeur en SmartPoints – un nombre facile à utiliser déterminé par quatre facteurs : calories, graisses saturées, sucres et protéines. Si vous décidez de sauter le pas, on vous attribuera un capital SmartPoints déterminé par votre taille, votre poids, votre sexe et votre âge, et vous pourrez dépenser ces points dans n'importe quel aliment que vous aimez. Avec les SmartPoints, tout reste au menu !

Pour en savoir plus sur les SmartPoints, visitez le site www.weightwatchers.com

LES CHEFS

Je vous ai dit comment j'ai rencontré **Rosie Daley** quand elle cuisinait pour moi au centre de remise en forme où je séjournais. En revanche, je ne vous ai pas raconté nos arrêts dans les ventes à la ferme et autres vergers de pommiers. Elle a un don particulier pour se débarrasser du gras en gardant le goût dans tous les plats qu'elle prépare. Combien de fous rires partagés en cuisinant ! Goûtez sa merveilleuse recette de thon poivré (page 133).

On m'a présenté **Taryn Huebner** à Chicago et je l'ai employée pour cuisiner pour moi au travail. Bien des fois, ses plats et ses collations m'ont apporté le réconfort et le plaisir dont j'avais besoin pour tenir lors des longues journées d'enregistrement et de réunions. Taryn a un don incroyable pour les mariages inattendus. Goûtez sa recette de burger de dinde (page 160), et vous comprendrez exactement ce que je veux dire.

À Noël il y a deux ans, j'avais vingt-quatre invités pour le dîner, et **Mei Lin**, qui venait de gagner *Top Chef*, est venue donner un coup de main en cuisine. L'influence asiatique que Mei insuffle à ses préparations m'a particulièrement plu, et je suis aussi tombée amoureuse de ses lasagnes à la dinde (page 63) – les meilleures que j'aie jamais mangées !

L'âme du Sud d'**Art Smith** m'a toujours parlé. Je pourrais vous raconter tous les repas fantastiques qu'il a préparés au cours des huit ans où il a fait la cuisine pour Stedman et moi, mais sa véritable spécialité est de rassembler des gens autour d'un repas inoubliable. Le poulet sans friture (page 60) d'Art est excellent, mais si vous décidez d'y aller franchement, son poulet frit (page 59) est tout bonnement renversant !

Eduardo Chavez était très apprécié dans mon quartier en Californie car il apportait son aide à tous pour organiser des fêtes. Il saluait chaque invité(e) en l'appelant par son nom et se souvenait de ce qu'il ou elle buvait. Je le regardais faire en m'émerveillant de ce don pour mettre les gens à l'aise. Pour ce qui est de baptiser les plats, c'est autre chose – tout s'appelle « sexy ». Si cela signifie « relevé », « qui a du caractère » et « somptueux », alors il n'a pas tort. Jetez un œil à ses boissons super sexy (page 164).

Je suis tombé sur **Sonny Sweetman** par un heureux hasard. À l'improviste, j'avais emmené 12 de mes filles d'Afrique du Sud prendre le thé dans un hôtel de Los Angeles que j'ai toujours adoré. L'hôtesse nous avait expliqué que l'hôtel ne servait le thé que le week-end. Et là, Sonny a surgi de la cuisine et m'a sauvé la mise, en préparant un festin digne de Buckingham Palace ! Il a tout fait, des petits sandwichs aux scones. Stedman l'appelle « le scientifique », parce qu'il prépare chaque repas avec beaucoup de soin et de minutie. Goûtez son fantastique flétan à la grecque (page 84).

INDEX

D

E

F

G

H

I

J

K

L

M

N

O

P

Q

R

S

T

V

W

CRÉDITS ET REMERCIEMENTS

MELCHER MEDIA

Président et directeur général : Charles Melcher

Vice-présidente et directrice générale déléguée : Bonnie Eldon

Direction éditoriale/production : Aaron Kenedi

Responsable de production : Susan Lynch

Productrice numérique : Shannon Fanuko

Assistante éditoriale : Victoria Spencer

Édition et création des recettes : Leda Scheintaub

Photographe culinaire : Tina Rupp

Stylisme objet : Stephanie Hanes

Stylisme culinaire : Carrie Purcell

O MAGAZINE

Direction artistique : Adam B. Glassman

Contributrice : Deborah Way

Maquillage : Derrick Rutledge

Coiffure : Nicole Mangrum

Stylisme : Jenny Capitain

Fleurs à Maui : Diana Dolan,

Porch, Carpinteria, CA

Fleurs à Telluride : Kristin Undhjem

de gardenstorehome.com

WEIGHT WATCHERS

Valeurs pour les calories et les SmartPoints, Maria Kinirons, diététicienne nutritionniste agréée chez Weight Watchers®.

MELCHER MEDIA REMERCIE :

Callie Barlow, Jess Bass, Trina Bentley, Emma Blackwood, Amelie Cherlin, Karl Daum, Barbara Gogan, Heather Hughes, Luke Jarvis, Maria Kinirons, Kaarina Mackenzie, Karolina Manko, Sarah Melton, John Morgan, Lauren Nathan, Nola Romano, Laura Roumanos, Rachel Schlotfeldt, Suchan Vodoor, Megan Worman, Katy Yudin

CRÉDITS PHOTOGRAPHIQUES

Illustrations : Laura Parker

Ruven Afanador : pp. II, VIII-1, 3, 4, 43, 78, 103, 111, 146-147, 149, 172, 182-185, 220-223, 227

p. 2 (de gauche à droite) : Rob Howard, Harpo, Inc., Ron Galella, Ltd./WireImage/Getty Images ; p. 9 : collection personnelle d'Oprah Winfrey ; p. 10 (haut) : Gabi Rona/CBS Photo Archive/Getty Images, (bas) : Avec la permission de la Magnavox Historical Preservation Association/ Chris Small Photography and Fine Art ; p. 11 : collection personnelle d'Oprah Winfrey ; p. 18 (carte recette) : © Bruce Amos/Shutterstock.com ; p. 19 (artichaut) : © Andrjuss/Shutterstock.com, (carte recette) : © Bruce Amos/Shutterstock.com ; p. 25 : © phloen/Shutterstock.com ; p. 28 (cartes recettes) : © Torsten Lorenz/Shutterstock.com, © MustafaNC/Shutterstock.com ; p. 33 (carte recette) : © Bruce Amos/ Shutterstock.com ; p. 36 (feuilles de laurier) : © Nattika/Shutterstock.com, (carte recette) : © Jill Battaglia/Shutterstock.com ; p. 37 (carte recette) : © Jill Battaglia/Shutterstock.com ; p. 41 (aillet) : © Madlen/Shutterstock.com ; p. 46 : collection personnelle Oprah Winfrey ; p. 47 (gauche) ; Avec l'aimable autorisation de Carson Entertainment Group, (droite) : collection personnelle d'Oprah Winfrey ; p. 48 (haut) : collection personnelle de Gayle King, (bas) : collection personnelle de WLS-TV ; p. 49 (haut) : Kevin Horan/LIFE Images Collection/Getty Images, (bas) : Mitchell Gerber/Corbis/VCG via Getty Images ; p. 52 (carte recette) : © Bruce Amos/Shutterstock.com ; pp. 59-60 (cartes recettes) : © Bruce Amos/Shutterstock.com ; p. 66 (carte recette en haut) : © July Store/Shutterstock.com, (carte recette en bas) : © MustafaNC/Shutterstock.com ; p. 73 (carte recette) : © Bruce Amos/Shutterstock.com ; p. 78 (bas) : de l'Atlas des Plantes de France ; p. 79 (gauche) : Harpo, Inc., (droite) : Harpo Entertainment Group ; p. 80 (gauche) : Matthew Mendelsohn, (droite) : Runner's World Magazine/Tim De Frisco ; p. 81 : Michelly Rall/Getty Images ; p. 83 (carte recette) : © Bruce Amos/Shutterstock.com ; p. 88 (carte recette) : © Vira Mylyan-Monastyrska/Shutterstock.com ; p. 91 (carte recette bas) : © Torsten Lorenz/Shutterstock.com, (carte recette haut) : © David M. Schrader/Shutterstock.com ; p. 102 (carte recette) : © Bruce Amos/Shutterstock.com ; p. 114 : Harpo Inc./George Burns, p. 115 (haut gauche) : Harpo Inc./George Burns, (haut droite) : EyesWideOpen/Getty Images, (bas) : Harpo Inc./George Burns ; p. 116 (haut) : Harpo Inc./George Burns, (bas) : © gehringj/iStock Photo, (épices) : © Awardimages/ Shutterstock.com ; p. 117 : Harpo Inc./George Burns ; p. 122 : © successo images/Shutterstock.com ; p. 125 (carte recette) : © Mark Carrel/ Shutterstock.com ; p. 130 (carte recette) : © caesart/Shutterstock.com ; p. 133 (micropousses) : © akepong srichaichana/Shutterstock.com, (radis) : © Valentina Proskurina/Shutterstock.com ; p. 135 (papier avec adhésif) : © David M. Schrader/Shutterstock.com ; p. 137 (papier avec adhésif) : © David M. Schrader/Shutterstock.com ; p. 138 (gingembre) : © MRAORAOR/Shutterstock.com ; p. 148 : Harpo, Inc./George Burns ; p. 153 (petits pois) : © Alexandra Lande/Shutterstock.com ; p. 155 (spaghetti) : © Becky Starsmore/Shutterstock.com ; p. 156 (carte recette) : © Valentina Razumova/Shutterstock.com ; p. 160 (cartes recettes) : © LiliGraphie/Shutterstock.com ; p. 185 (bord de page) : © David M. Schrader/ Shutterstock.com ; p. 187 (estragon) : © kaiskynet/Shutterstock.com ; p. 188 (choux de Bruxelles) : © Yurchyks/Shutterstock.com, (pignons) : © Happy Stock Photo/Shutterstock.com ; p. 191 (graines de grenade) : © Diana Taliun/Shutterstock.com ; p. 198 (romarin) : © Dionisvera/ Shutterstock.com, (champignons) : © Svittlana/Shutterstock.com ; p. 201 (cartes recette) : © Bruce Amos/Shutterstock.com ; p. 203 (bord de page) : © David M. Schrader/Shutterstock.com ; p. 207 (gingembre) : © VICUSCHKA/Shutterstock.com ; p. 211 (feuilles de laurier) : © Nattika/ Shutterstock.com ; p. 225 (haut gauche) : Harpo Inc., (bas gauche) : Harpo Inc./George Burns Papier en arrière-plan : Shutterstock.com.

Recette du poulet à l'étouffée tirée de *Hallelujah ! The Welcome Table: A Lifetime of Memories with Recipes* de Maya Angelou, copyright © 2004 de Maya Angelou. Avec l'autorisation de Random House, marque et division de Penguin Random House LLC. Tous droits réservés.

Toute utilisation des informations contenues dans cet ouvrage est interdite en dehors de celui-ci.
Une demande d'autorisation doit être déposée auprès de Penguin Random House LLC.

MARQUIS

Québec, Canada